Uwe Johnson zur Einführung

Stefanie Golisch

Uwe Johnson zur Einführung

JUNIUS

Für Johanna

Junius Verlag GmbH
Stresemannstraße 375
22761 Hamburg

Umschlaggestaltung: Johannes Hartmann
Titelfoto: Isolde Ohlbaum, München
Satz: H & G Herstellung, Hamburg
Druck: SOAK GmbH, Hannover
Printed in Germany 1994
ISBN 3-88506-898-2
1. Auflage 1994

Die Deutsche Bibliothek - CIP-Einheitsaufnahme

Golisch, Stefanie:
Uwe Johnson zur Einführung / Stefanie Golisch. - 1. Aufl. -
Hamburg : Junius, 1994
(Zur Einführung ; 98)
ISBN 3-88506-898-2
NE: GT

Inhalt

Anhang

Johnson lesen

»Wie bei jeder sehr eigenwilligen Schreib- und Denkweise irritiert oder enttäuscht das Buch, solange man die Originalität des Werkes als solche nicht akzeptiert hat.«
Marguerite Yourcenar, *Mishima*[1]

»Zwischen den Zeiten, denkt sie, ist zwielichtiges Gelände, in dem verirrt man sich leicht und geht auf geheimnisvolle Weise verloren.«
Christa Wolf, *Kein Ort. Nirgends*[2]

Die politischen Veränderungen der vergangenen Jahre rükken das Werk Uwe Johnsons in eine historische Dimension. Durch den frühen Tod des Schriftstellers liegen seine Romane und Prosaskizzen uns als abgeschlossener Textkorpus vor, als literarisches »Zeitzeugnis«, das weder durch Zurücknahme noch durch Hinzufügung von seiten des Autors selbst mehr kommentiert werden kann.

Das Schlagwort vom »Dichter der beiden Deutschland«, das Johnson als Universaletikett seines Schaffens zu Recht widerstrebte, gewinnt nach der deutschen Wiedervereinigung eine neue Bedeutung, denn der historische Wandel macht deutlich, daß sein Werk wie kaum ein anderes tatsächlich im geteilten Deutschland wurzelt. Die Romane Uwe Johnsons sind nicht ablösbar von den äußeren Umständen, denen sie entspringen und mit denen sie sich kritisch auseinandersetzen. Wenngleich sie mehr und anderes als nur Ost-West-Problematisches enthalten, so sind die Teilung Deutschlands und deren Konsequenzen doch als entscheidend für die Entwicklung des Schriftstellers Uwe Johnson zu betrachten. An der Existenz der deutsch-deutschen

Grenze schärft Johnson seinen Blick für die Wirklichkeit; sie beeinflußt seine literarische Technik nachhaltig.

In seinem frühen Aufsatz »Berliner Stadtbahn« führt der Autor die spezifischen Schwierigkeiten des Schriftstellers bei der Beschreibung einer an sich alltäglichen Begebenheit vor: Ein Reisender, aus dem Osten kommend, steigt an einem beliebigen S-Bahnhof in West-Berlin aus. Die Grenze, die er soeben überschritten hat, ist aber mehr als nur die Grenze zwischen zwei Stadtteilen, sie trennt vielmehr zwei sich feindlich gegenüberstehende Gesellschaftssysteme. Die naive Beschreibung des S-Bahnhofes ist unter den gegebenen Umständen unmöglich. Johnson folgert: »Eine Grenze an dieser Stelle wirkt wie eine literarische Kategorie. Sie verlangt die epische Technik und die Sprache zu verändern, bis sie der unerhörten Situation gerecht werden.« (BS, 10)

Das Johnsonsche Verständnis eines Realismus in kritischer Funktion, wie es sich hier bereits andeutet, ist in seiner Pragmatik frei von jeder Programmatik. Realismus bedeutet für Johnson zunächst nichts anderes als die leidenschaftslose Aufmerksamkeit des Schriftstellers für die gesellschaftliche Wirklichkeit, deren Teil er ist. Das Konzept ästhetischer Umsetzung erwächst aus dieser kritischen Auseinandersetzung; die formale Durchdringung ist also nicht Selbstzweck, nicht Ausdruck ungezügelter künstlerischer Experimentierfreude, sondern sie steht ganz konkret im Dienste der Geschichte, der sie zur Welt verhelfen soll. Als politisch denkender und fühlender Zeitgenosse begreift Johnson seine Arbeit als Schriftsteller bewußt in ihrem gesellschaftlichen Zusammenhang.

In dem in den späten fünfziger Jahren entstandenen kurzen Prosatext »Jona zum Beispiel« gestaltet Johnson – durchaus ironisch – die problematische Stellung des Intellektuellen in der gegenwärtigen Gesellschaft. Durch die Entbindung aus den theologischen Bezügen der alttestamentarischen Vorlage, dem »Buch Jona«, gelingt Johnson die Aktualisierung der Problematik; eine Lösung des Konfliktes zwischen dem Intellektuellen und der Gesellschaft freilich deutet sich nicht an. Das Ende der Erzählung, das Schicksal Jonas nach dem Bruch mit der Autorität, bleibt offen: »Und Jona blieb sitzen im Angesicht der sündigen Stadt Ninive und wartete auf ihren Untergang länger als vierzig mal vierzig Tage? Und Jona ging aus dem Leben in den Tod, der ihm lieber war? Und Jona stand auf und führte ein Leben in Ninive? Wer weiß.« (JB, 315)

Johnsons besondere Aufmerksamkeit für die Rolle des Schriftstellers in der Gesellschaft hängt unmittelbar mit seiner eigenen Lebenserfahrung zusammen. Bereits mit seinem ersten Roman, *Ingrid Babendererde*, geriet er ins Kreuzfeuer der Kritik beider ideologischer Blöcke. Der Roman ist – betrachtet man ihn in Hinblick auf seine gesellschaftliche Dimension – die Kritik eines überzeugten Sozialisten an der politischen Praxis »seines« Staates. Die Sympathie des jungen Autors gehört eindeutig jenen Oberschülern, die, in der Auseinandersetzung um die Aktivitäten der Jungen Gemeinde, deren Recht auf Selbstbestimmung verteidigen, wenngleich sie selbst keine Christen, sondern überzeugte Sozialisten sind. Die Kritik des jungen Uwe Johnson und deren besonderer Standort wurde – wie nicht anders zu erwarten – auf beiden Seiten der Grenze gründlich mißverstanden. In der DDR galt das Buch als undruckbar; es wurde als Aufruf zur Republikflucht verstanden, seine literarische Technik als »formalistisch« und damit als »konterrevolutionär« abqualifiziert.[3]

In der Bundesrepublik sah man dagegen in den Naturschilderungen des Romans eine gefährliche Nähe zur »Blut- und Bodenliteratur« der Nazizeit; die Fremdartigkeit des dargestellten Milieus wirkte sich als umfassende Erkenntnissperre bezüglich der kritischen Dimension des Romans aus.[4]

Wohl erahnten Johnsons Lektoren sowohl in West- als auch in Ostdeutschland die überragende Begabung des jungen Autors, allein der eigenwillige und unabhängige Standort seiner Kritik, die vermutete Unzuverlässigkeit des politischen Bekenntnisses, verhinderten eine positivere Aufnahme seines Romanerstlings in beiden Teilen Deutschlands.

Was wäre geschehen, wie wäre der Lebensweg Uwe Johnsons verlaufen, wenn seine *Ingrid Babendererde* damals in der DDR, für deren Bürger der Roman schließlich bestimmt war, hätte erscheinen können? Hat der Leipziger Schriftsteller Horst Drescher recht mit seiner Vermutung, Uwe Johnson habe jene Bücher, »die zu schreiben vom Schicksal ihm aufgegeben waren«[5], gar nicht geschrieben, d. h. auf Grund der Unwegsamkeit der Zeitläufte nicht schreiben können?

Wir bewegen uns zugegebenermaßen im Bereich der Spekulation, und dennoch weist die Vorstellung Dreschers, Johnson hätte seine Bücher eigentlich nur in der DDR, dort, wo er sie aber nicht schreiben konnte, schreiben können, in die richtige Richtung.[6]

Das Johnsonsche Gesamtwerk zeugt eben nicht von jener inneren Geschlossenheit, mit der die Literaturwissenschaft noch den widerspenstigsten Autor nach dessen Ableben – gleichsam zur Besänftigung – gern in den Rang eines modernen Klassikers erhebt. Sein Werk ist vielschichtig, widersprüchlich und durchaus von unterschiedlicher Qualität. Die Vorstellung von jenen anderen Büchern, die Johnson unter günstigeren Bedingungen hätte schreiben können, kann, so niederschmetternd sie in ihrer Substanz auch sein mag, die

Phantasie seiner Leser durchaus beflügeln. Auf dem Palimpsest seiner Romane deutet sich eine freiere Schrift an, aus dem Schatten des uns Vorliegenden treten andere Figuren und Schauplätze hervor, eine sinnvollere Ordnung, eine verständigere Aufnahme.

In dem »zwielichtigen Gelände« zwischen den Zeiten (Christa Wolf) hat Johnson sich zwar nicht verloren, aber er hat ein Werk hervorgebracht, das niemals – oder erst viel zu spät – an jenem Ort angekommen ist, für den es eigentlich bestimmt war – in der DDR. Erst Ende 1989 konnte der Rostocker Germanist Jürgen Grambow im Aufbau-Verlag eine Anthologie mit kürzeren Prosa-Texten Uwe Johnsons veröffentlichen.[7] Es ist eine Ironie der Geschichte, daß erst in den allerletzten Monaten des Bestehens der DDR das ostdeutsche Lesepublikum sich mit einem völlig unbekannten Autor vertraut machen konnte, der doch von ihren ureigensten Belangen sprach.

Die politisch-gesellschaftliche Dimension der Johnsonschen Werkes konnte im Westen naturgemäß niemals so erfaßt werden, wie der Autor sie aufgrund seiner Sozialisation in einem sozialistischen Staat selbstverständlich begriffen hatte. Die Brisanz der überaus differenzierten Kritik, die Johnson am real erlebten Sozialismus ebenso wie später am westlichen Kapitalismus übte, mußte in der Bundesrepublik, in der jede Art von Sozialismus-Kritik unweigerlich als Bestätigung der eigenen Überlegenheit ausgelegt wurde, jämmerlich verpuffen.

Jenen Beitrag zur Selbstbefragung und Selbstvergewisserung einer Nation, den alle Romane Johnsons anstreben, vermochten sie im Endeffekt dort, wo sie gelesen und rezipiert werden konnten, niemals zu leisten. So wurde der Autor der *Mutmassungen über Jakob* in der Bundesrepublik in erster

Linie als innovativer Formalist gefeiert, als literarischer Neuerer, als Sprachkünstler. Dies alles ist sicherlich nicht falsch, aber eigentlich war Johnson – und dies ist vielleicht seine wirkliche Tragik – nur das, was er zu seiner Zeit eben nicht sein konnte: ein großer Erzähler, ein Chronist jener unwegsamen Zeitläufte, die sein Erzählen in andere Bahnen lenken mußten.

Erst in den Jahren nach der Wiedervereinigung Deutschlands rückt die Dimension des Gesellschaftlich-Politischen in Johnsons Werk zunehmend in den Blick des wissenschaftlichen wie des öffentlichen Interesses. Die wachsende historische Distanz läßt den eigentlichen Sachgehalt der Johnsonschen Romane sowie deren besondere Stellung im Kontext der deutschen Nachkriegsliteratur deutlicher als bisher hervortreten.

Es geht nun darum, Johnsons Kritik an der politischen Praxis nicht durch eine vorschnelle Kanonisierung seiner Werke zu entschärfen. Anders formuliert: Der Sachgehalt seiner Romane ist keine fixierbare und weniger noch konsumierbare Größe, sondern realisiert sich als unbequemer »Geist des Romans«, als permanenter Reflex auf die eigene Bedingtheit und die aus ihr resultierenden Möglichkeiten und Begrenzungen. Es geht dem Schriftsteller Uwe Johnson bei der Rekonstruktion der Vergangenheit, anders als einem Historiker, nicht nur um die Vermittlung von Fakten und Einsichten, sondern es geht ihm um ästhetische Suggestion, um die Freisetzung eigener Schlußfolgerungen beim Leser.

Im Zentrum seines Interesses steht die individuelle Interaktion von Leser und Erzählung. Die offene Form seiner Romane setzt einen Leser voraus, der das Wirkungspotential des Dargestellten während des Lesens durch seine Mitarbeit aktiviert und den Roman auf diese Weise in den Rang eines

Ereignisses erhebt. Die Folie, auf der sich die kommunikative Dimension der Johnsonschen Romane entfaltet, ist die individuelle Lebens- und Wirklichkeitserfahrung jedes einzelnen Lesers. An sie appelliert die Struktur seiner Prosa.

Der Weg in die Welt Uwe Johnsons beginnt also bei der gewissenhaften Lektüre seiner Romane, die jeden neuen Leser auf ihre eigene Art provozieren. Behaglich wird es ihm in ihrer Nähe zunächst kaum werden. So manch potentieller Leser wird sich bei der ersten Begegnung mit Uwe Johnson eher abgewiesen denn eingeladen fühlen. Zu einem angemessenen und hoffentlich individuell bereichernden Lektüreerlebnis wird indes nur derjenige finden, der bereit ist, die Eigenwilligkeit der Schreibweise zu akzeptieren und sich einer schwierigen Annäherung vorurteilslos zu überlassen. Das Gefühl der Unbehaglichkeit wiche dann der Einsicht in die Notwendigkeit und den tieferen Sinn der anfänglichen Irritation.

So will die vorliegende Einführung denn auch keineswegs das Johnsonsche Werk einer definitiven Auslegung unterziehen; derart affirmativ zu verfahren, käme einer Einladung zur Kontemplation gleich und erscheint angesichts der Brisanz dieser Prosa als unangemessener Weg einer ersten Annäherung. Anschauung von den Romanen Uwe Johnsons zu gewinnen, gelingt vielmehr im Nachvollzug der inneren Konstruktion vor dem Hintergrund seiner äußeren Bedingungen.

Von der chronologischen Darstellung der Werke wurde im Interesse der für das Leseverständnis notwendigen Klärung der strukturellen Eigenarten der Johnsonschen Prosa abgesehen; die einzelnen Romane werden folglich in den jeweiligen thematischen Zusammenhängen beispielhaft herangezogen. Die Frage nach der schriftstellerischen Entwicklung Johnsons tritt damit jedoch keineswegs in den

Hintergrund; sie bildet im Gegenteil ein wichtiges Orientierungszentrum der Analyse.

Die Textauswahl entspringt dem Wunsch, Johnsons Schaffen in all seiner Vielfalt vorzustellen. Wenngleich sich das Interesse weitgehend auf die großen Romane konzentrieren muß, so werden doch immer wieder auch die kürzeren Prosatexte im Hinblick auf ihre Stellung innerhalb des Werkkontextes zu befragen sein. Johnsons Hauptwerk, den *Jahrestagen*, kommt aufgrund ihres integrativen Charakters eine hervorragende Stellung zu; mit einigem Recht ist dieses Werk – ohne die Bedeutung der anderen Romane dadurch zu schmälern – als Summe des Johnsonschen Schaffens auszumachen.

Ein besonderes Augenmerk liegt weiterhin auf dem Versuch, die Prosa und die Aussagen zur Poetologie in- und gegeneinander zu lesen, um auf diese Weise zu einem tieferen Verständnis der theoretischen Voraussetzungen des Johnsonschen Schreibens zu gelangen. Daß es dabei stellenweise zu Überschneidungen kommt, ist einkalkuliert. Die wiederholte Aufnahme einer Textstelle in unterschiedlichen Zusammenhängen verweist auch auf die Relativität jedweder Auslegung, deren Akzent sich im Kontext neuer Fragestellungen verschieben kann. So erheben meine Vorschläge zur Auslegung denn auch keineswegs den Anspruch auf universelle Gültigkeit. Sie verstehen sich vielmehr als Vorgabe einer Denkrichtung, mit Hilfe derer eine sinnvolle Aneignung des Johnsonschen Werkes vollzogen werden kann. Als zuverlässiger Ort der Überprüfung und Konfrontation mit den eigenen Lektüreerfahrungen hätte die vorliegende Einführung ihren Zweck erfüllt.

1. Dargestellte Geschichte

Zeitgenossenschaft

»Denn daß es ihm an Ehrfurcht mangelte
und an Zuversicht auf die Vernunft der
Zeitläufte: das stand schon damals deutlich
zu lesen in seinem Gesicht.«
Uwe Johnson, *Ingrid Babendererde*[8]

Gegen die vermeintliche Einheit von Leben und Werk plädiert Johnson in seinen Frankfurter Poetikvorlesungen für die von Biographie unabhängige Rezeption literarischer Texte. Er versichert seinen Zuhörern schon zu Beginn, »daß private Mitteilungen zur Person entfallen werden. [...] Wie bei allen genügt für mich das Jahr der Geburt, 1934.« (BU, 25)

Johnson begreift seine Zeitgenossenschaft als Verantwortung, aus der sich zu stehlen ihm unmöglich ist. Das Jahr seiner Geburt stellt die Weichen; die politischen Verhältnisse, die seinen Lebensweg prägen, zwingen ihn bereits als jungen Mann zur Auseinandersetzung mit den unterschiedlichen Gesellschaftssystemen, denen er seine Sozialisation verdankt, dem Nationalsozialismus und dem »real existierenden Sozialismus«. Das kritische Bewußtsein, das alle seine Romane auszeichnet, hat nichts Aufgesetztes, sondern es entspringt der unmittelbaren Lebenserfahrung seiner Generation. Die Kinder- und Jugendjahre im Nationalsozialismus bzw. später in der DDR haben Johnson die Verstrickung des privaten in das öffentliche Leben gelehrt, die Fragwürdigkeit des nur persönlichen Lebenslaufs. Als Schriftsteller begreift er die heterogenen Formen der ihn umgebenden Wirklichkeit als Herausforderung an seine künstlerische Schaffenskraft. Das Bewußtsein der Zeitgenossenschaft wird zum inneren Maß seiner ästhetischen Formen:

»Das Problem von Form und Inhalt darf nicht mehr sichtbar sein. Die Geschichte muß sich die Form auf den Leib gezogen haben. Die Form hat lediglich die Aufgabe, die Geschichte unbeschädigt zur Welt zu bringen. Sie darf vom Inhalt nicht mehr ablösbar sein.« (VPR, 33 f.)

Die Suche nach Darstellbarkeit wird also nicht von formalästhetischen Prinzipien geleitet, vielmehr ergeben sich diese zwangsläufig aus der inhaltlichen Dimension der Erzählung: »Es war die Lehre eines Vormittags, unvergessen: Die Geschichte sucht, sie macht sich ihre Form selber.« (BU, 140)

Mit seinen Überlegungen setzt sich Johnson zwischen alle Stühle. Die Vorstellung einer literarischen Aneignung der Wirklichkeit durch eine maximale Kongruenz von Form und Inhalt steht ebenso quer zu den Prinzipien der ästhetischen Avantgarde wie zu denen des sozialistischen Realismus, der das Form-Inhalt-Problem in seiner Theorie der Widerspiegelung kurzerhand für gelöst erklärt. Weder geht es Johnson um die Ablösung der Kunst von der Wirklichkeit, noch um deren schlichte Widerspiegelung. Der Roman ist für ihn vielmehr »eine Version von Wirklichkeit, [...] eine Welt gegen die Welt zu halten« (VPR, 35).

Die Verpflichtung gegenüber der Wirklichkeit und die ausgesprochene Suche nach den jeweils angemessenen Prinzipien ihrer formalen Durchdringung stellen für Johnson keinen Widerspruch dar, sondern bezeichnen die beiden gleichermaßen entscheidenden Impulse seiner Arbeit. Der Schriftsteller ist für ihn *Zeit-Zeuge*; sein Zeugenamt wahrnehmen kann aber nur der Schriftsteller, der bereit ist, das komplizierte Modell ästhetischer Vermittlung zu reflektieren. Moralisches Gewissen und Künstlertum treten dabei in ein notwendiges, wenn auch – wie wir im Verlaufe unserer Überlegungen sehen werden – nicht immer unproblematisches Verhältnis.

In Johnsons Vorstellung eines kritischen Realismus als Ort der Auseinandersetzung mit Geschichte und Gesellschaft verbinden sich jene beiden Impulse, an denen sich in den fünfziger Jahren die Kontroverse zwischen der bundesrepublikanischen und der DDR-Literatur entzündet hatte. Den unreflektierten Bezug zur Wirklichkeit, der die ostdeutsche Literatur der damaligen Zeit auszeichnet, überwindet er, indem er den Anspruch auf gesellschaftliche Wirksamkeit mit der ausgesprochenen Suche nach den ästhetischen Strategien der Vermittlung verbindet. Die Eigenart seiner Prosa liegt hier begründet. Bei aller Unterschiedlichkeit im Detail läßt sich das Bemühen um Synthese für alle seine Romane nachweisen. *Ingrid Babendererde*, die *Mutmassungen über Jakob* und schließlich die *Jahrestage* zeichnen sich vor allem dadurch aus, daß sie die Option von Engagement versus l'art pour l'art sprengen. Der ethisch-moralische Impetus ist ihnen ebenso inhärent wie die Suche nach adäquatem ästhetischem Ausdruck.

Johnsons Themenwahl ist nicht zufällig, sie entspringt seinen Lebensumständen, deren gesellschaftlich-politische Dimension er sehr bewußt wahrnimmt, reflektiert und als Herausforderung begreift. Seine Zeitgenossenschaft verpflichtet ihn zur Annahme jener Themen, die notwendigerweise an ihn herantreten.

Und dennoch sind die deutsche Teilung und ihre Folgen nicht so vordergründig Gegenstand seiner Romane, wie es bei einer ersten Lektüre den Anschein haben könnte. Durch den gezielten Einsatz literarischer Techniken, die ihm die Neuorganisation seines Materials ermöglichen, entwickelt die Johnsonsche Prosa eine ästhetische Struktur, die von vornherein auf Überschreitung der eigentlichen Darstellung hin angelegt ist. Die Wirkung, die er mit seinen Romanen zu erzielen sucht, erschöpft sich nicht allein in der Rekonstruktion des historischen Verlaufs, sondern intendiert die Herstellung neuer, vom realen historischen Verlauf unabhängiger Perspektiven. Zeitgenossenschaft, wie Johnson sie begreift, zielt auf den Dialog mit dem Leser, auf die Infragestellung bequemer Denkgewohnheiten als Voraussetzung für eine Veränderung des gesellschaftlichen Miteinanders.

Wenngleich der Roman keine »revolutionäre Waffe« (VPR, 35) ist und also keine unmittelbare Wirkung zeitigt, ist er doch Teil der politischen Praxis und dieser auf seine Weise verpflichtet. Wie wenig Johnson mit seiner Art des Engagements jedoch Eindeutigkeit anstrebt, also die Identifikation mit einer bestimmten politischen Gruppierung oder einem System, wird an seiner besonderen Stellung zu den beiden deutschen Staaten deutlich. In seinem Aufsatz »Versuch, eine Mentalität zu erklären« beschreibt er das ambivalente Verhältnis der ostdeutschen Dissidenten zu DDR und BRD: die Haßliebe zur DDR, die zornige Enttäuschung über das moralische Versagen des vermeintlich besseren deutschen Staates und die Ernüchterung angesichts der leidenschaftslosen Immanenz der westdeutschen Verhältnisse. Die DDR, »die allzu herrschsüchtige und unverträgliche Braut« (VM, 59), entläßt ihre abtrünnigen Kinder geradewegs in die physische und geistige Heimatlosigkeit:

»Der Grad der persönlichen Enttäuschung erlaubt sehr wohl einen Rückschluß auf das Ausmaß der Treuebereitschaft. Es ist peinlich, eine sonst geachtete Person beim Lügen zu ertappen, oder beim Tragen auf beiden Schultern. [...] Die Fragen nahmen überhand und überhand nahm die Erbitterung darüber, daß sie nicht gestellt werden durften. Denn diese strenge Erzieherin DDR bestrafte schon leise Zweifel an ihrer Güte mit Liebesentzug. Ein boykottiertes Kind kann da mitten in der Familie verhungern. Schließlich war für viele Anhänger der versprochenen DDR das Eingeständnis nicht mehr abweisbar, daß sie zu jeder theoretischen und praktischen Aktion der wirklichen DDR eine apologetische Version mitführte, ein rein defensives Schmiermittel, das das persönliche Verhältnis zu diesem Staat in Maßen erträglich halten sollte.« (VM, 56 ff.)

Es ist Uwe Johnson zeit seines Lebens nicht gelungen, sich von dem »Versprechen«, mit dem der Staat DDR bei seiner Gründung angetreten war, zu distanzieren. Die Bundesrepublik konnte folglich keine Alternative zu seinen gescheiterten Hoffnungen sein, sondern sie erschien ihm mit zunehmendem Alter als Ort der vollständigen Hoffnungslosigkeit. Da ihm die Identifikation mit einem existierenden Staatswesen unmöglich war, realisierte sich sein politisches Bewußtsein nicht als konkrete Parteinahme, sondern »nur« als kritischer Reflex auf die unterschiedlichen Formen staatlicher Herrschaft, wie sie die beiden deutschen Staaten für ihn repräsentierten.

Die absolute Sicherheit seines moralischen Urteils ist zugleich beeindruckend und beängstigend. Keine noch so unbedeutende Geste entgeht seiner scharfen Beobachtungsgabe; jede Verhaltensweise wird unbestechlich auf ihre moralische Integrität hin überprüft. Die Unerbittlichkeit der allgemeinen Kritik schwebt indes bisweilen in der Gefahr, die Kritik im einzelnen zu entwerten.

So erscheint jeder der dargestellten Lebensräume in einem gleichermaßen ungünstigen Licht. Sowohl die gegenwärtige wie auch die vergangene Erfahrung sind weit von jenem Idealzustand entfernt, welcher Johnson – unausgesprochen – als Maßstab gilt. Die Ortswechsel der Protagonisten zeitigen graduelle Veränderungen ihrer Lebensumstände, ohne indes die Hoffnung auf eine lebenswertere Gesellschaft wirklich begründen zu können. Die ausdrückliche Suche Gesine Cresspahls nach der »moralischen Schweiz« bleibt am Ende erfolglos. Das Leben, wie es sich tagtäglich in all seiner Unzulänglichkeit perpetuiert, erscheint unter der gewählten Perspektive in seiner Kleinheit als Versagen. Diese Einsicht ist deprimierend und unterhöhlt sukzessive die Hoffnung, die die Romane als Kunstwerke andererseits aufrechtzuerhalten trachten.

Im Gegensatz zur Negativität der dargestellten Erfahrung erscheint der Roman selbst als Ort der Bewußtwerdung: »Wenigstens in Kenntnis leben«, d.h. festhalten, überliefern, Zeugnis ablegen, so lautet die sehr konkrete Minimalforderung, die das Johnsonsche Verständnis einer kritischen Zeitgenossenschaft auf den Punkt bringt, und den Maßstab bezeichnet, anhand dessen seine Romane ausgelegt und auf ihre immanente Schlüssigkeit hin überprüft werden können.

Geschichte in Lebensläufen

»Es war nicht nur die detektivische Nachforschung,
die ihn am Fragen, Suchen, Nachsehen gehalten hatte;
ihn erstaunte auch, wie viel eine Person enthielt
an Geschichte der gesellschaftlichen Verhältnisse, der Kampfmethoden, des Anstands, an Mitlebenden.«
Uwe Johnson, *Eine Reise wegwohin*[9]

Bei aller Unterschiedlichkeit im einzelnen ist Johnsons Figuren doch eines gemeinsam: die negative Verstrickung ihres persönlichen Lebenslaufes in die gesellschaftlichen Verhältnisse ihrer Zeit. Die individuelle Anlage ihrer Persönlichkeit gerät in Widerspruch zur herrschenden Norm; aus diesem Konflikt entspringt die Handlung aller Johnsonschen Romane. Die persönliche und die kollektive Wirklichkeitserfahrung fallen auseinander; in der bewußten Abgrenzung zum gesellschaftlichen Status quo erfahren die dargestellten Personen ihre Lebensumstände als eine Kette von Verhinderungen.

Das programmatische Einzelgängertum Karschs, Gesines, Jakobs und Heinrich Cresspahls, das eine Einflußnahme auf die politische Entwicklung von vornherein ausschließt, prädestiniert sie zu kritischen Beobachtern; ihr Leben in der Gesellschaft und die Abhängigkeit von ihren Mechanismen garantiert andererseits jene »Innensicht«, die den Johnsonschen Figuren ihre Authentizität verleiht. Der Konflikt von Individuum und Gesellschaft ist strukturbildend. An ihm entfaltet Johnson seine historisch fundierte Wirklichkeitskritik.

Bereits in seinem ersten, 1985 posthum veröffentlichten Roman *Ingrid Babendererde* entwickelt der junge Autor seine Kritik nicht global, sondern personenbezogen anhand des jungen Paares Ingrid und Klaus und deren Verhältnis zu dem gemeinsamen Freund Jürgen. Während sich bei Ingrid und Klaus im Anschluß an die Denunziationskampagne gegen die Junge Gemeinde Zweifel am Sozialismus regen, wie er in der DDR praktiziert wird, besteht der Freund trotz eigener Bedenken auf seiner Loyalität zum Staat DDR.

Dem Willen zur Hoffnung auf Veränderbarkeit der DDR-Gesellschaft, wie Jürgen Petersen ihn repräsentiert, steht die zornige Enttäuschung Ingrids und Klaus' gegenüber, die ihnen das Weiterleben in der DDR unmöglich macht. Diesen für die intellektuellen Eliten der DDR seit je typischen Konflikt, das Schwanken zwischen Enttäuschung und Loyalität, gestaltet Johnson, ohne ein moralisches Urteil zu fällen. Jürgens Entscheidung zum Verbleib in der DDR wird keinesfalls gegen die Ingrids und Klaus' zur Flucht ausgespielt – bleibt ihre Zukunft in der Bundesrepublik doch ohnehin ungewiß. Der Roman schließt mit der abenteuerlichen Flucht der beiden Protagonisten in den Westen. In seinem »Versuch, eine Mentalität zu erklären«, beschreibt Johnson den unauflöslichen Zwiespalt, in dem sich diejenigen befinden, die sich aus enttäuschter Hoffnung für die Flucht aus der DDR entschieden haben:

»Die Prozedur der westdeutschen Aufnahmelager wirkte wie ein Schock. Sie immunisierte auf Dauer gegen Träume von staatlicher Vereinigung: So werden Leute nicht behandelt, mit denen man die Einheit will. So widerlich war der Eintrittspreis nicht zu erwarten gewesen. Diese Verletzung wurde versteckt, das half ihr nicht zu heilen. Übrigens waren sie nicht gekommen, um in der Bundesrepublik Deutschland zu sein, sondern aus der DDR wegzugehen. Immerhin, hier war nun die Eleganz der ungehinderten Warenwirtschaft, was die anderen Kinder vor ihnen angezogen hat. [...] Es war dann ein bißchen wenig. Mancher verdächtigte sich, einer Trotzreaktion erlegen zu sein. Eine Rückkehr aber verbot die DDR selbst durch ihre Gesetze, mit denen sie damals für Abtrünnigkeit sich rächen wollte: auch die Reaktionen der DDR hatten etwas Persönliches.« (VM, 59)

Auch die Entscheidung Klaus' und Ingrids gegen die DDR bedeutet also keine Auflösung des Konflikts. Vielmehr wird ihr kritisches Bewußtsein mit den Verhältnissen in Westdeutschland – so steht zu vermuten – ebensowenig zu vereinbaren sein wie mit denen in der DDR. Der Konflikt verlagert sich, bleibt jedoch grundsätzlich als Antagonismus von Individuum und Gesellschaft bestehen.

Der Roman endet in Unsicherheit. Mit Blick auf das Gesamtwerk Uwe Johnsons mutet die Schlußpassage seines ersten Romans fast programmatisch an. Der erst neunzehnjährige Autor wirft hier mit intuitiver Hellsichtigkeit jene entscheidende Frage auf, die all seine späteren Romane vorantreiben sollte: die Frage nach den Wurzeln der Heimatlosigkeit und deren Überwindung.

»Hannover ist weit von Lübeck: sagte sie aber. Hannover war sehr weit von Lübeck.

Wir werden ja sehen, was an diesem ist: sagte Klaus. Sie würden ja sehen, was an diesem war. Ob sie es vergessen hatten über ein Jahr, und ob das schlimm sein würde. Ob Ingrid dies gespreizte Gestab des Fensterschattens und ob Klaus Ingrids Hand an seiner Schulter und ob sie das Poltern der Ruder von vorhin mit dem eigentümlichen Ton von Rudern im Boot vergessen haben würden, und ob das schlimm sein würde. Und das Flirren der Fliederbüsche [...]« (IB, 247)

Mit den *Mutmassungen über Jakob* greift Johnson den im *Ingrid*-Roman erstmalig formulierten Konflikt zwischen Individuum und (DDR)-Gesellschaft auf, differenziert jedoch die innere Haltung und die Verhaltensweisen der dargestellten Personen beträchtlich. Ingrid und Klaus erscheinen, stellt man sie Gesine Cresspahl und Jakob Abs gegenüber, sehr jung und hochfahrend. Die innere Beteiligung des Autors an den dargestellten Vorgängen ist dem Roman deutlich anzumerken. Die Wirklichkeitserfahrung der Figuren beschränkt sich auf die Verhältnisse an einer ostdeutschen Oberschule, die, wiewohl bedeutsam, so doch keineswegs als repräsentativ für die gesamte DDR angesehen werden können. Während für Ingrid und Klaus ein konkretes Ereignis den spontanen Entschluß zum Verlassen der DDR bedingt, gestaltet Johnson in den *Mutmassungen* die langwierige, hartnäckige und zermürbende Auseinandersetzung der Protagonisten – nicht zuletzt auch die des Staatssicherheitsmannes Rohlfs – mit »ihrem« Staat. Das Bild der DDR-Gesellschaft erscheint demzufolge facettenreicher, vielschichtiger und auch widersprüchlicher, als dies noch in *Ingrid Babendererde* der Fall ist. Die Wirklichkeit der beiden deutschen Staaten wird hier illusionslos, wenn auch nicht ohne Trauer, ins Auge gefaßt. Für den Autor der *Mutmassungen* stellen die DDR und die Bundesrepublik keineswegs eine Alternative dar; für Propagandazwecke ist der Roman also von vornherein ungeeignet – ein Umstand, der die Aufnahme des Romans, auch im Westen, nicht unbedingt begünstigte.

Und in der Tat hätte man sich auch in der Bundesrepublik, wo der Roman schließlich 1959 erscheinen konnte, von seinem Verfasser eine dezidiertere Haltung, sprich: einen entschiedenen Antikommunismus durchaus gewünscht. Die abwägende Haltung Johnsons mußte in einer Gesellschaft, in der – ein Gemeinplatz – noch bis in die achtziger Jahre hinein Kritikern der Bundesrepublik dadurch der Mund verboten wurde, daß man sie aufforderte, »doch nach drüben zu gehen, wenn es ihnen denn hier nicht gefiele«, Argwohn hervorrufen. Johnsons entschiedene Unentschiedenheit provozierte.

Stehen Ingrid und Klaus als Schüler noch vor dem »eigentlichen Leben«, so ist Jakob als Streckendispatcher ein tätiges Mitglied der Gesellschaft. Sein Beruf ist verantwortungsvoll, und der gesellschaftliche Stellenwert seiner Arbeit ermöglicht ihm als überzeugtem Sozialisten einen hohen Grad an Identifikation. Johnson gestaltet mit ihm das marxistische Ideal sinnerfüllter Arbeit, die die Entfremdung im Arbeitsprozeß aufzuheben vermag.

Jakob akzeptiert sich selbst als Eisenbahnbeamter; er hat keine andere Ambition, als der zu sein, der er ist. Sein leidenschaftsloses Selbstverständnis als funktionierendes Rädchen einer großen Maschinerie gerät erst in dem Moment ins Wanken, als der ostdeutsche Geheimdienst in sein Leben eingreift und dessen selbstverständliche Zusammenhänge sukzessive unterminiert.

Die Fabel des Romans ist bekannt: Jakob soll seine Freundin Gesine, die in den Westen geflohen ist und dort als Sekretärin bei den amerikanischen Streitkräften arbeitet, für Spionagetätigkeiten gewinnen. Mit Jakobs Entscheidung, sich dem hartnäckigen Ansinnen des Herrn Rohlfs zu widersetzen, hat es indes nicht sein Bewenden. Die Erkenntnis, schuldlos in die Fänge der Staatssicherheit geraten zu sein, zerstört Jakobs Selbstverständnis als sozialistischer Arbeiter. Seine Domäne, der Alltag nämlich, die tägliche Pflichterfüllung, wird ihm schal; hinter seiner Wirklichkeit tut sich eine andere, bedrohlichere auf, von deren Existenz er zuvor nichts geahnt hatte. Er geht weiter seiner Arbeit nach, die Empfindung jener lebendigen Einheit jedoch, aus der er seine innere

Kraft bezogen hatte, ist ihm abhanden gekommen. Unversehens ist er zwischen die Fronten geraten.

Nach einem Besuch bei Gesine in Westdeutschland kehrt er dennoch – es gelingt ihm nicht, sich mit den Verhältnissen in der Bundesrepublik anzufreunden – in die DDR zurück. Er verunglückt unter ungeklärten Umständen bei dichtem Nebel auf den Gleisen, als er auf dem Weg zu seinem Arbeitsplatz ist.

Der Konflikt von Individuum und Gesellschaft, wie er sich in der Person Jakobs dramatisch zuspitzt, bleibt ungelöst. Anders als Gesine verläßt Jakob die DDR nicht, sondern kehrt in seinen Staat, oder besser: an seinen Arbeitsplatz zurück. Im Gegensatz zu den Schülern Ingrid und Klaus, aber auch zu Gesine verfügt Jakob über einen Beruf, der losgelöst von allem ideologischen Vorbehalt auf einer sehr konkreten Ebene noch als sinnvoll erlebt werden kann. Die Tatsache indes, daß er unmittelbar nach seiner Rückkehr tödlich verunglückt, muß auch als Hinweis auf den Preis begriffen werden, der für die Aufrechterhaltung einer vielleicht doch nur scheinbaren Identifikation in Zukunft zu entrichten gewesen wäre. Doch dies ist Spekulation, ist nicht mehr Gegenstand des Romans. Der Tod Jakobs läßt alle Fragen offen. Unversöhnt verweist auch er auf die grundsätzliche Fragwürdigkeit, die in der nur scheinbaren Alternative *Fortgehen* oder *Hierbleiben* beschlossen liegt.

Die Figur, deren Lebenslauf Johnson in Zukunft beschäftigen wird, ist Gesine Cresspahl. Anders als Jakob hat sie sich nach den Ereignissen des 17. Juni 1953 spontan entschlossen, in West-Berlin zu bleiben. In seiner »Einführung in die Jahrestage« erhellt Johnson die Hintergründe von Gesines Entscheidung.

»Als dann der Lehrstoff sich wirklich machte, im Juni 1953, auf den Straßen der Republik, mit einem veritablen Aufstand der Arbeiter, nicht der Bauern, aber der Arbeiter, gegen die sozialistische Regierung, bekam diese Schülerin Gesine Cresspahl Angst vor der Wirklichkeit des Sozialismus und floh blindlings nach Westberlin: Sie lief weg. Obwohl sie wußte: Moralisch, politisch, zukunftsbewußt gesehen, tu ich mir das Schlimmste an, was ich tun kann, ich geh in die Vergangenheit, ich gehe zu dem schlechten Entwurf des Lebens, ich gehe zu dem menschenverachtenden Kapitalismus.« (EJ, 21)

Nur noch ein einziges Mal, am Tag vor dem Ungarn-Aufstand 1956, kehrt sie auf abenteuerliche Weise nach Jerichow in das Haus ihres Vaters zurück. Ähnlich wie Jakob steht auch sie, wenngleich sie die DDR verlassen hat, zwischen den Fronten. Ihr Verhältnis zu den beiden deutschen Staaten ist gleichermaßen ambivalent. Illusionslos faßt sie die Verhältnisse in der DDR und in der Bundesrepublik ins Auge und entscheidet sich ohne innere Überzeugung für den Westen. Ihr Selbstverständnis als politisch denkende Bürgerin steht im Widerspruch zum gesellschaftlichen Status quo Westdeutschlands, wo ein waches politisches Bewußtsein, wie es die Verhältnisse in der DDR bei ihren Bürgern hervorgebracht haben, nicht vorgesehen ist. Den Konflikt der ostdeutschen Dissidenten mit der Bundesrepublik beschreibt Johnson im »Versuch, eine Mentalität zu erklären«:

»Die westdeutschen Herrschaftsverhältnisse waren hinter so viel Augenschein versteckt, deren Wirklichkeit war in der alltäglichen schwierig aufzufinden. [...] Und die Westdeutschen, da hatte das Gerücht nicht übertrieben, waren in der Tat anders. Die fuhren wahrhaftig so gern Auto, und auch das mit den sagenhaften Fernsehabenden traf zu. Die lebten ganz harmlos privat. Die westdeutschen Freundschaften wuchsen langsam, anfangs immer noch mit der Hoffnung, es sei an einem der Hiesigen doch Interesse zu finden für das Wichtigste, das so ein Auswärtiger kennen gelernt hatte: die Politik. Die leisteten es sich, darauf zu verzichten. Deren Haltung war, genau wie die eigene, von Produktionsverhältnissen erzeugt; die Erkenntnis von der Formbarkeit des Individuums war doch niederschmetternd.« (VM, 59 f.)

Verfolgt man den Lebensweg der Gesine Cresspahl, wie Johnson ihn in den *Jahrestagen* entfaltet, so wird deutlich, daß ihre geistige Heimatlosigkeit den Schlüssel zum Verständnis der gesamten Person darstellt. Zunächst in der Bundesrepublik, später in den Vereinigten Staaten, gelingt es Gesine zu keinem Zeitpunkt, das Gefühl der Fremdheit und Unzugehörigkeit zu überwinden. Die politischen Verhältnisse in den Ländern, die sie bewohnt, ohne in ihnen heimisch zu werden, sind prinzipiell unannehmbar für sie; die Bedeutung der Arbeit, die sie verrichtet, um sich und ihre Tochter Marie zu ernähren, reduziert sich auf die pure Notwendigkeit des Broterwerbs. Treffend spricht Johnson in diesem Zusammenhang von »Abwesenheit in Arbeit«.

Seiner Kritik zugrunde liegt das marxistische Ideal unentfremdeter Arbeit, wie es am Beispiel Heinrich Cresspahls, der als Kunsttischler ganz und gar in der Arbeit, die er verrichtet, aufgeht, und – mit Einschränkung – auch an Jakobs Dienst für die Deutsche Reichsbahn entfaltet wird. Die Modelle eines sinnvollen Arbeitsprozesses bleiben an die Vergangenheit gebunden. Der Büroalltag, wie Gesine ihn stellvertretend für die Masse der Arbeitnehmer in den westlichen Industriegesellschaften erlebt, reduziert die Angestellten auf ihre Funktion für ein Unternehmen, dessen Strukturen sie nicht durchschauen und dessen Interessen nicht die ihren sind. Beide Bereiche also, über die sich eine reale Identifikationsmöglichkeit ergeben könnte, erweisen sich – gemessen an Gesines »sozialistischen« Idealen – als gleichermaßen untauglich.

Es ist der schmerzlich empfundene Widerspruch zwischen privater und öffentlicher Existenz, der Gesines Suche nach der Vergangenheit motiviert, von der sie sich eben jene lebendige Einheit erhofft, die die gegenwärtige Erfahrung ihr versagt. Nicht zuletzt, um ihrer Tochter Marie ein Leben »in Kenntnis« zu ermöglichen, beschließt Gesine, mit Hilfe ihrer Erinnerungen die Geschichte ihrer Familie zu rekonstruieren. Die Entfremdung jedoch, die ihre gegenwärtige Existenz bedroht, prägte – so muß sie im Verlauf ihrer Erinnerungsarbeit erkennen – auch das Leben ihrer Vorfahren. Das Paradies der verlorenen Kindheit erweist sich als trügerische Illusion. Ebenso wie die gegenwärtige Erfahrung Gesines in New York zeugt auch die Mecklenburger Vergangenheit der Familie Cresspahl von jener unheilvollen Verstrickung der persönlichen und politischen Sphäre, die als emblematisch für die Geschichte des 20. Jahrhunderts deutlich wird.

Gesines Mutter, Lisbeth Cresspahl, nimmt sich in der Reichsprogromnacht, nachdem sie Zeugin des Mordes an dem jüdischen Mädchen Marie Tannebaum geworden ist, das Leben. Ihr Vater, Heinrich Cresspahl, ist in den zwanziger Jahren nach Richmond, England, gegangen, kehrt jedoch auf Drängen seiner Frau zu Beginn der dreißiger Jahre nach Jerichow zurück, kollaboriert während des Krieges mit den Engländern, wird nach Kriegsende von den sowjetischen Besatzern als Bürgermeister von Jerichow eingesetzt, fällt kurz darauf in Ungnade und wird später in ein sowjetisches Lager verschleppt. Zurückgekehrt, baut er seine zerstörte Tischlerwerkstatt wieder auf und arbeitet fortan als Kunsttischler für Museen und Privatleute, die seine Fähigkeiten in dem aussterbenden Handwerk zu schätzen wissen.

Er resigniert und zieht sich zurück. Mit der Politik, die seine Biographie durchkreuzt, gestört und verhindert hat, will er nichts mehr zu tun haben. Zu Beginn der *Mutmassungen* beschreibt ihn Johnson als einsamen alten Mann, dem nur seine innere Würde die offene Verbitterung verbietet.

»*Mein Vater war achtundsechzig Jahre alt in diesem Herbst und lebte allein in dem Wind, der grau und rauh vom Meer ins Land einfiel hinweg über ihn und sein Haus.*

Heinrich Cresspahl war ein mächtiger breiter Mann von schweren langsamen Bewegungen, sein Kopf war ein verwitterter alter Turm unter kurzen grauen scheitellosen Haaren. Seine Frau war tot seit achtzehn Jahren, er entbehrte seine Tochter. In seiner Werkstatt stand wenig Arbeit an den Wänden, er hatte das Schild seines Handwerks schon lange von der Haustür genommen. Gelegentlich für das Landesmuseum besserte er kostbare Möbel aus und für Leute die sich seinen Namen weitersagten. Er ging viel über Land in Manchesterzeug und langen Stiefeln, da suchte er nach alten Truhen und Bauernschränken. Manchmal hielten Pferdefuhrwerke vor seinem Haus [...].« (MJ, 9)

Gesines Nachdenken über die Vergangenheit eröffnet also keinen Ausweg aus ihrer Identitätskrise, sondern bestätigt diese als Symptom einer allgemeinen gesellschaftlichen Krise. Die lebendige Einheit, die sinnvolle Verbindung von öffentlicher und privater Sphäre, die ihr zu Beginn als Ideal vor Augen steht, muß solange eine Illusion bleiben, wie die gesellschaftlichen Verhältnisse diese nur um den Preis der totalen Willfährigkeit jedes einzelnen ihrer Mitglieder zulassen. Die Uneinigkeit mit sich selbst erscheint am Ende der *Jahrestage* als notwendiger Ausdruck einer Lebenshaltung, die ihre Würde einzig noch durch die Geste der Verweigerung zum Ausdruck zu bringen weiß. Die Abwesenheit von Erfüllung liegt hier ebenso begründet wie die unzweifelhafte

Aura, die Johnsons Gestalten umgibt. Indem sie sich der Anpassung an die herrschende Norm verweigern, wird ihr Blick auf das Weltgeschehen zum Organon einer kritischen Erkenntnis, die nur in Ausnahmefällen auf positive Erfahrungen zurückgreifen kann.

Die Unbestechlichkeit der Johnsonschen Personen, die, dies soll nicht verschwiegen werden, bisweilen ins Plakative abzugleiten droht – Demetz spricht in diesem Zusammenhang beispielhaft von der Verwandlung Gesines in einen »Bewußtseins- und Erzählapparat«[10] –, verbindet sie. Vergegenwärtigt man sie sich gemeinsam, so entsteht unwillkürlich das Bild einer geschlossenen moralischen Front, die dem Eindruck der Selbstgerechtigkeit nur deshalb zu widerstehen vermag, weil sie auf der Verliererseite der Geschichte anzusiedeln ist. Es ist das Fehlen einer direkten Parteinahme, die Vielschichtigkeit der dargestellten Handlungsmuster, die Johnsons Figuren von den positiven Helden des sozialistischen Realismus ostdeutscher Prägung deutlich unterscheidet.

Und dennoch wünschte sich der Leser bisweilen jenen Anflug von Leichtigkeit in der Personengestaltung, der die ästhetische Distanz des Autors zu seinem Gegenstand deutlicher zum Ausdruck gebracht hätte. Der moralischen Integrität Johnsons und seiner Gestalten hätte ein wenig souveräner Gleichmut sicherlich keinen Abbruch getan; deutlicher, als dies der Fall ist, träte allemal die innere Widersprüchlichkeit der alltäglichen Wirklichkeitserfahrung zutage, die mit ethischen Imperativen nicht immer adäquat erfaßt werden kann.

Wenn Johnson den tristen New Yorker Alltag der Gesine Cresspahl kommentarlos durch eine Einkaufsliste für das Wochenende zu dokumentieren sucht, so bewahrheitet sich spätestens hier die treffende Einsicht Fritz Rudolf Fries', der die forcierte Sachlichkeit der Johnsonschen Wirklichkeitsgestaltung dahingehend kritisiert, daß sie bisweilen »die Sensibilität austrocknen kann«.[11]

Bei aller Wertschätzung der Johnsonschen Romankunst berührt die Kritik Fries' einen Punkt, der schwerlich von der Hand zu weisen ist: Sachlichkeit, zum obersten Stilprinzip erhoben, kann die innere Vielschichtigkeit der individuellen Alltagserfahrung nicht immer adäquat erfassen. So erscheint noch der Einkaufszettel, wie Johnson ihn in die *Jahrestage* montiert, als Ausdruck einer lebensverneinenden Tristesse. Daß die Freude beim Kochen eines sonntäglichen Mittagessens jedoch bisweilen auch den erfaßt, dem die Einsicht in die grundsätzliche Verfehltheit der menschlichen Existenz eine durchaus vertraute Denkfigur ist, bleibt bei Uwe Johnson außen vor; daß die problematische Existenz aber immer und überall so freudlos sei wie die, die Gesine Cresspahl zu unserer Belehrung erleiden muß, ist schlichtweg unglaubwürdig. Andererseits wird freilich die Verteidigung jener Werte, die heutzutage nur allzu gerne mit zynischer Gebärde unter das Apodikt ›anachronistisch‹ fallen, vielleicht nur durch jene eigensinnige Beharrlichkeit ermöglicht, deren ästhetische Konsequenz gleichermaßen faszinieren wie enervieren kann.

Für den eingefleischten Johnson-Leser wird jede neue Lektüre so zu einer Begegnung mit »alten Bekannten«; die dargestellten Personen – viele von ihnen werden über mehrere Bücher hinweg immer wieder aufgegriffen – sind Verwandte im Geist. Ihr Denken und ihre Verhaltensweisen folgen vergleichbaren moralischen Prinzipien. So werden auch die Gestalten des Hamburger Journalisten Karsch und des ostdeutschen Radrennfahrers Achim an jenem Konflikt entwickelt, der das Werk Johnsons am nachhaltigsten prägt:

Der Widerspruch zwischen der privaten Existenz und der gesellschaftlichen Scheinidentität steht im Zentrum von *Das Dritte Buch über Achim.*

Auf Einladung seiner alten Freundin Karin fährt Karsch zu Besuch in die DDR. Er lernt Karins Freund Achim kennen, einen bekannten und gefeierten Radrennsportler. Die Lebensumstände Achims, der als Idol der ostdeutschen Jugend im Licht der Öffentlichkeit steht, sind Karsch fremd; gleichzeitig fasziniert ihn diese Andersartigkeit, und er beschließt, im Auftrag eines ostdeutschen Verlages die Biographie Achims zu verfassen. Damit beginnt seine bewußte Auseinandersetzung mit den gesellschaftlichen Verhältnissen in der DDR, an deren Ende die Einsicht in die Unmöglichkeit steht, die andere Wirklichkeit in all ihrer Widersprüchlichkeit adäquat zu beschreiben. Sein Vorhaben scheitert. Es gelingt ihm nicht, die Grenze zwischen Ost- und Westdeutschland im Versuch der Annäherung zu überwinden. Karsch kehrt nach Hamburg zurück, ohne Achims Biographie fertiggestellt zu haben; das *Dritte Buch über Achim* bleibt ungeschrieben. Johnson rekonstruiert Karschs Annäherung und Entfernung von der ostdeutschen Wirklichkeit als »Beschreibung einer Beschreibung« — so der ursprüngliche Titel des Romans.

Als engagiertem Journalisten gehört es zu Karschs obersten Arbeitsprinzipien, den Dingen auf den Grund zu gehen. Läßt er sich noch zu Beginn seines Besuchs bereitwillig und nur mäßig skeptisch von dem Rummel um die Person Achims, der als Prototyp des neuen, sozialistischen Menschen vermarktet wird, mitreißen, so wird ihm bei seinen Recherchen schnell der Widerspruch zwischen Achims öffentlichem Bild und seiner eigentlichen Persönlichkeit deutlich.

Ein Foto, aufgenommen am 17. Juni 1953, das Achim inmitten der streikenden Arbeiter zeigt, gibt schließlich den

Ausschlag für das Scheitern des Projekts. Aus Angst um seine Reputation leugnet Achim seine Beteiligung, verstrickt sich in Widersprüche und wird so für Karsch endgültig unglaubwürdig. Die vermeintliche Identität Achims wird als Mittel der Propaganda deutlich: Der Mythos des neuen, des sozialistischen Menschen ist eine Lüge.

Der Konflikt zwischen Individuum und Gesellschaft wird im *Dritten Buch über Achim* auf die Spitze getrieben. Während Jakob, Gesine und Heinrich Cresspahl das Auseinanderfallen ihrer persönlichen und gesellschaftlichen Existenz erleiden, erkennen und zu überwinden trachten, repräsentiert Achim jenen Typus des Erfolgsmenschen, der sein Inneres im Interesse des gesellschaftlichen Ansehens unterdrückt. Die Freundschaft, die sich zwischen Karsch und Achim anzubahnen scheint, hat keine Zukunft; zwischen dem kritischen Journalisten aus Westdeutschland und dem Idol der DDR-Jugend kann es auf Dauer keine Verständigung geben:

»Na, sagte Achim.

Ich kann es mir nicht vorstellen, sagte Karsch.

Du hast dir so viel vorstellen können: hielt Achim überrascht ihm vor. Er umfaßte ihn mit einem raschen aufgewachten Blick. Er fragte ob Karsch jetzt etwa aufhören wolle.

Mir fällt nichts mehr ein: sagte Karsch. Ihm fiel das nicht ein. [...]

Achim schien es zu bedauern. Sie redeten einander nun noch mit du an für eine Viertelstunde. Sie fragten einer den anderen ob er das Gefühl von Schade kenne, kennst du

Schade, und

Vielleicht hätt ich das Buch gern lesen mögen, es war doch wirklich über mich

und sagten einander noch mehr was schnell vergessen wird am Vormittag auf der Autobahn an den Holzhäusern der Kontrolle beim Abschied von den Uniformen und in Achims stellvertretendem Leben nach wenigen Tagen auch.« (DBA, 296 f.)

Ebensowenig wie in *Ingrid Babendererde*, den *Mutmassungen* und den *Jahrestagen* deutet sich im *Dritten Buch über Achim* die angestrebte Verständigung zwischen Ost und West an. Die Gräben zwischen den beiden Wirklichkeiten im geteilten Deutschland sind tief und einzig um den Preis der totalen Anpassung jedes einzelnen an die jeweils herrschende Norm überwindbar. Während Grenzgänger wie Jakob, Gesine und Karsch für einen Nonkonformismus stehen, der sich dem eilfertigen Einvernehmen durch die Fähigkeit und den unbedingten Willen zum eigenen Denken entzieht, unterliegt Achim jenem gesellschaftlichen Druck, der Identität nurmehr zu Propagandazwecken herstellt. Die Kritik an den politischen Verhältnissen in der DDR wird im *Dritten Buch über Achim* unmißverständlich ausgesprochen. Wenngleich Achim ebensowenig wie die Figur des Herrn Rohlfs aus den *Mutmassungen* pauschal zur stereotypen Negativfigur gestempelt wird, steht er doch stellvertretend für jenes graue Heer der Mitläufer, deren persönliche Schwäche Tag für Tag das Ideal des Sozialismus verrät, wie es etwa Jakob repräsentiert. Die moralische Integrität der positiven Helden jedoch, in denen sich das Ideal verdichtet, bleibt andererseits weitgehend innerlich. Die realen Wirkungsmöglichkeiten einer differenzierten Wirklichkeitskritik, wie Johnson sie darstellt, sind begrenzt. Weder Jakob und Gesine noch Karsch gelingt es, sie in Handeln umzusetzen. Die eingefahrenen Strukturen ihrer jeweiligen Wirklichkeit sind mittels einer differenzierten Betrachtungsweise zwar erfaßbar, nicht jedoch veränderbar.

Die dargestellten Personen scheitern letztendlich am Widerspruch zwischen den Strukturen ihrer inneren Welt und den gesellschaftlichen Verhältnissen. Jakob kommt unter mysteriösen Umständen ums Leben, Karsch, scheu geworden, zieht sich aus Deutschland nach Mailand zurück, um dort ein Buch über die Mafia zu schreiben, und Gesines Hoffnung auf einen politischen Neubeginn in der östlichen Hemisphäre wird beim Einmarsch der sowjetischen Truppen in Prag 1968 definitiv zerstört. Es gelingt zu keinem Zeitpunkt, der negativen Verstrickung der persönlichen Lebensumstände in die gesellschaftlich-politischen Verhältnisse eine befriedigende Wendung zu verleihen. Persönlicher Lebenslauf und historischer Verlauf klaffen auseinander. Die Auseinandersetzung mit der Vergangenheit vollzieht sich folglich als Annäherung an disparate Erfahrungsebenen.

Der ferne Blick: Geschichte, dargestellt

»Geschichte ist ein Entwurf.«
Uwe Johnson, *Jahrestage*[12]

Der Roman des 20. Jahrhunderts, der Geschichte zu seinem Thema macht, läßt sich nicht mehr ohne weiteres in der Traditionslinie des klassischen historischen Romans erfassen. Der Schriftsteller der Gegenwart kann nicht nach Belieben über seinen Stoff verfügen, vielmehr stellt dieser ein spezifisches Problem dar, welches nicht mit Hilfe eines allgemeinverbindlichen ästhetischen Formenkanons ein für allemal gelöst werden kann, sondern in der individuellen Darstellung jeweils als In-Frage-Stellen vermeintlicher Selbstverständlichkeiten bewältigt werden muß. Die Reflexion über das Verfahren der Aneignung begleitet also zwingend die Auseinandersetzung mit dem eigentlichen Thema, der Geschichte.

Dies scheidet den »anderen historischen Roman« (Geppert[13]) grundsätzlich von seinen Vorgängern. Geschichte wird nicht länger emphatisch als progressiv behauptet, sondern der Mythos des Fortschritts in all seiner Fragwürdigkeit wird zum konstitutiven Problem der formalen Gestaltung. Auf den realen Verlust des geschichtsphilosophischen Sinns antwortet der Roman mit dem Verlust seiner ästhetischen Sinnfälligkeit. Die Bilder der Geschichte, die er entwirft, sind vielschichtig und widersprüchlich; sie entziehen sich weitgehend der Kanonisierung und müssen daher zunächst in ihrer Singularität erfaßt werden. Worin besteht nun die Eigenart des historischen Bewußtseins Uwe Johnsons, das es sich zur Aufgabe macht, Geschichte »von unten« zu vergegenwärtigen, und was ist seine ästhetische Konsequenz?

Die Protagonisten der Johnsonschen Romane sind allesamt »kleine Leute«, die Geschichte vornehmlich als Opfer erfahren. Nicht Indifferenz jedoch prädestiniert sie zu den Verlierern der Geschichte, sondern ihr wacher, kritischer Geist, der die Identifikation mit den Pseudointeressen des Kollektivs von vornherein ausschließt. Weil es ihnen bei aller inneren Beteiligung am politischen Tagesgeschehen nicht gelingt, ihren Einfluß geltend zu machen, erleben sie Geschichte als Repression, ja, als Verhinderung ihres individuellen Lebensentwurfs. Der Not gehorchend, fügen sich Gesine und Heinrich Cresspahl in Situationen, in die sie geraten, ohne die moralische Verantwortung für sie übernehmen zu können: »So verhält es sich mit uns. Unter, über, neben, zwischen dem, was ich mir gewünscht habe mit fünfzehn Jahren und unbelehrt. Bin aber fünfunddreissig.« (JT IV, 1549)

Die Unfähig- und Unwilligkeit zur Anpassung an die herrschende Norm treibt jenen Widerspruch voran, der ein Menschenleben – wie dargestellt – zerrütten kann, dem Roman andererseits jedoch die subtile Balance zwischen Faktizität und Vision erst ermöglicht. Nicht wie im deutschen Bildungsroman, von Goethes *Wilhelm Meister* bis zu Stifters *Nachsommer*, ist es der Held, der langsam zur Erkenntnis schreitet, sondern der Leser, der am dargestellten Scheitern der Romanfiguren Erkenntnis gewinnen soll. Die Opferung des positiven Helden ist Ausdruck eines allgemeinen Sinnverlusts; der Roman kann die Antworten auf die Fragen, die er selbst aufwirft, romanimmanent nicht mehr formulieren.

Die Romane Johnsons fassen die negative historische Erfahrung des Zeitalters illusionslos ins Auge, überschreiten sie jedoch gleichzeitig im Prozeß der ästhetischen Formung, indem sie eine grundsätzlich veränderte Aneignung der gegenwärtigen und vergangenen Wirklichkeit exemplarisch vorführen.

In besonderer Weise ist Johnsons letztes Werk *Jahrestage* geeignet, die Gestaltungsprinzipien des Autors zu erhellen. Im Gegensatz zu seinen früheren Romanen ist hier nicht nur ein Aspekt der Geschichte, die deutsche Teilung, Gegenstand der Darstellung; der Roman rekonstruiert vielmehr die politischen Entwicklungen in Deutschland seit der Weimarer Republik. Aus dem subjektiven Blickwinkel der Gesine Cresspahl und ihrer Familienangehörigen, insbesondere dem ihres Vaters, Heinrich Cresspahl, erzählt Johnson die wechselvolle Geschichte einer deutschen Familie vor dem Hintergrund der großen Politik, deren Auswirkungen den Lebensweg der dargestellten Personen nachhaltig prägen.

Als Uwe Johnson Ende der sechziger Jahre mit den Vorstudien zu den *Jahrestagen* begann, konnte er noch nicht ahnen, daß ihn die Arbeit an der Chronik der Familie Cresspahl bis zu seinem Tode beschäftigen sollte. Nach Abschluß des dritten Bandes, Mitte der siebziger Jahre, geriet das Projekt ins Stocken. Es steht zu vermuten, daß neben den subjektiven Ursachen der Krise Uwe Johnsons auch objektive Faktoren der Verhinderung im Spiel sind, die in der Thematik des Romans selbst begründet liegen. Die Ratlosigkeit des zeitgenössischen Erzählers hinsichtlich der Sinngebung seiner Darstellung gerät offenbar in Widerspruch zur inneren Anlage des Romans, dessen ungeheure Materialfülle die alten Fragen nach Zusammenhang und Sinn gegen die objektiven Möglichkeiten seiner Form dennoch nahelegt.

Das Verhältnis des Romans zum Geschichtsverlauf ist zwiespältig: Da die Geschichte nicht länger affirmativ »behauptet« werden kann, muß er zu einer Form finden, die die Faktizität der Ereignisse leidenschaftslos ins Auge faßt, ohne die Perspektive der Veränderung andererseits gänzlich aus dem Blick zu verlieren. Das politische Selbstverständnis Uwe Johnsons verpflichtet ihn zu konstruktiver Kritik.

Wenngleich der Autor sich über die unmittelbare Wirksamkeit von Literatur kaum Illusionen hingegeben haben dürfte, steht die Frage nach der politischen Praxis dennoch im Zentrum seines Interesses. Was seine Romanfiguren vorantreibt, ist der Wunsch nach Einheit von Denken und Handeln. Das Entstehen und der Zusammenbruch von Ideologien und Überzeugungen, der Zweite Weltkrieg und die Vernichtung der Juden, die deutsche Teilung und der kalte

Krieg sind gleichermaßen Themen des Romans wie die individuelle Schwierigkeit, inmitten der Verfehlung im Großen »aufrechten Ganges« ein Mindestmaß an persönlicher Würde zu bewahren. Historischer Verlauf und individueller Lebensweg geraten in das für alle Romane Johnsons typische negative Spannungsverhältnis. Ebenso unzweifelhaft, wie es ein richtiges Leben im Falschen nicht geben kann, stehen Johnsons Figuren – allen voran Heinrich Cresspahl und Jakob Abs – für die Notwendigkeit, es dem Wissen zum Trotz dennoch zu versuchen. Den sogenannten »guten Leuten«, die die Einsicht in die Unmöglichkeit der angemessenen Lebensführung nur dazu benutzen, sich möglichst elegant aus der politischen Verantwortung zu stehlen, antwortet Johnson in seinem Artikel »Über eine Haltung des Protestierens«:

> »Die guten Leute sollen das Maul halten. Sollen gut sein zu ihren Kindern, auch fremden, zu ihren Katzen, auch fremden; sollen sie aufhören zu reden von einem Gutsein, zu dessen Unmöglichkeit sie beitragen.« (HP, 29)

Orientierungszentrum des gesellschaftlichen Verhaltens ist für Johnsons Gestalten eine elementare, bodenständige Gerechtigkeit, die es ihnen ermöglicht, sich im alltäglichen Leben wie in Ausnahmesituationen zu verhalten, ohne sich zu verleugnen.

Der moralische Rigorismus der Johnsonschen Werkgerechtigkeit ist ebenso beeindruckend wie befremdlich. Beeindruckend, weil er an Werte appelliert, die, nähme jedermann sie ernst, die Gesellschaft in der Tat lebenswerter zu gestalten vermöchten; befremdlich, weil in ihnen immer auch jener Anflug protestantischer Selbstgerechtigkeit mitschwingt, der über die Belohnung der guten Tat die Gnade und das Verständnis für diejenigen vergißt, die aus Angst oder Schwäche sich dem gesellschaftlichen Common sense nicht zu entziehen vermögen. Das Spektrum menschlicher Leidenschaften und Verfehlungen ist in der Tat größer, als Johnsons Personengestaltung es in ihrer Beispielhaftigkeit nahelegt. Zwischen dem moralischen Heldentum des Alltags und einem verantwortungslos-dumpfen Dahinvegetieren liegen eine Unzahl von Lebenshaltungen, die in seinen Romanen unberücksichtigt bleiben (müssen).

Die Abstraktheit seiner Personengestaltung schafft jedoch andererseits jenen homogenen Blickwinkel, von dem aus der historische Verlauf in seinem Mißlingen konsequent rekonstruiert werden kann. Grenze und Größe, innere Problematik und unbestrittenes Verdienst der *Jahrestage* fallen in der Verengung der Erzählperspektive zusammen. Die Radikalisierung der vorgeschlagenen Sichtweise obliegt ihm ebenso wie die völlige Abwesenheit des lebendigen, widersprüchlichen Charakters.

Ob der Leser am Ende bereit ist, Johnson in dieser Konsequenz zu folgen, wird nicht zuletzt eine Frage des persönlichen literarischen Geschmacks sein. Wer etwa an Thomas Mann oder den großen Franzosen des 19. Jahrhunderts seine Vorliebe für die Raffinesse der psychologischen Gestaltung geschult hat, den wird die Lektüre der Romane von Uwe Johnson rasch ernüchtern. Wer hingegen neben einer gehörigen Portion Geduld jene spezifische Sensibilität mitbringt, die die Leerstellen des Erzählten mit eigenen Bildern zu füllen versteht, der wird die Opferung des individuellen Charakters letztendlich in ihrer inneren Notwendigkeit begreifen. Die Verpflichtung gegenüber dem negativen Geschichtsverlauf, den die *Jahrestage* rekonstruieren, zwingt ihren Autor zur Beschränkung auf die wesentlichen Konstanten der Verfehlung. Ein derart kompromißloser Blick auf die Geschichte, wie ihn alle Johnsonschen Romane mit Bestimmtheit nahelegen, bedarf aber in der Tat eben jener extremen Verengung der Erzählperspektive, die dem aufklärerischen Impetus erst ästhetisches Gewicht verleiht. Das Ideal einer sinnvollen Vermittlung von Leben und Kunst muß bei aller eingesehenen Zweifelhaftigkeit als das geistige Zentrum des Johnsonschen Schreibens angesehen werden.

Aufgewachsen in einem Staat, in dem die Kunst ein gesellschaftliches »Ereignis« darstellte, war es ihm aufgrund früher Prägungen, wie etwa der politisch motivierten Auseinandersetzung um den *Ingrid*-Roman, unmöglich, künstlerische Ausdrucksformen – wie im Westen üblich – als rein ästhetische Phänomene zu betrachten. Für Johnson war die Kunst ein gleichberechtigter und unabhängiger Bestandteil der politischen Praxis.

Liest man den frühen Aufsatz »Berliner Stadtbahn« oder die Frankfurter Vorlesungen *Begleitumstände*, so wird man immer wieder auf die Vorstellung der »Zwangsläufigkeit« stoßen: Der Schriftsteller hat keine Wahl, sondern ist durch die gesellschaftlichen Umstände seiner Existenz einem Thema verpflichtet. Seine künstlerische Freiheit besteht darin, die formalen Notwendigkeiten seines Themas zu erspüren und adäquat umzusetzen. Diese materialistische Vorstellung vom »Handwerk des Schreibens« kommt der Forderung nach gesellschaftlicher Verantwortung des Künstlers, wie sie in den ehemals sozialistischen Staaten erhoben wurde, sehr nahe. Worin Johnsons sozialistischer Realismus sich indes von qualitativ minderwertigeren Vertretern einer systemkonformen Propagandaliteratur unterscheidet, ist ihr antiautoritärer Geist, der einzig dem eigenen Gewissen verpflichtet ist.

Mit dem inneren Zwang zur Konkordanz von Künstlertum und Parteiraison ist eine solch unabhängige Haltung ebensowenig zu vereinbaren wie mit der Vorstellung der absoluten (Narren-)Freiheit des Künstlers, der nur deshalb alles darf, weil er eben doch nichts zu bewirken vermag. Unter dieser Perspektive betrachtet, sind die Konflikte Uwe Johnsons mit den beiden deutschen Staaten nicht zuletzt auch Ausdruck einer profunden Unsicherheit beider Gesellschaftssysteme im Umgang mit ihrem künstlerischen Potential.

Die kritische Aufarbeitung der Geschichte, wie sie die *Jahrestage* exemplarisch vorführen, steht letztlich quer zum gesellschaftlichen Interesse eines möglichst reibungslosen Aufräumens der Vergangenheit. Die »Abwicklung« der ehemaligen DDR durch die Bundesregierung ist nur ein Beispiel für jenen Umgang mit der Geschichte, gegen den Johnson in seinen Romanen angeschrieben hat: Dem ungeduldigen Drang zum Fertigwerden, zum Sich-Befreien aus den Fängen der (verhaßten) Vergangenheit, stellt er – ganz im Sinne Benjamins [14] – das bewußte Eingedenken entgegen.

So schöpfen die *Jahrestage* zwar aus der Überlieferung, gleichzeitig verhalten sie sich jedoch (ideologie)kritisch zu ihr. Der Leser wird einerseits mit der Faktizität der Ereignisse vertraut gemacht, zum anderen wird er aufgefordert, den tatsächlichen und den möglichen Verlauf der Geschichte neu zu überdenken. Wenngleich die disparaten Bilder der *Jahrestage* sich nicht zum einheitlichen Bild der Geschichte fügen, gelingt Johnson durch die mannigfachen Spiegelungen von Gegenwart und Vergangenheit, von individuellem Lebensweg und historischem Verlauf, ein Mosaik aus Faktizität und Vision, das in seiner Differenziertheit die schematische Darstellung von Geschichte als Einheit von Ursache und Wirkung in ihrer Vordergründigkeit entlarvt.

2. Wahrheitsfindung

Wahrheitsfindung als epische Technik

»Es kommt mir nicht darauf an, primär Kunst zu betreiben – das habe ich gar nicht gesagt. Meines Wissens heißt es da: Der Autor sollte nicht für Kunst ausgeben, was immer noch eine Art Wahrheitsfindung ist. Und das ist der Bereich, in dem er, in diesem Falle ich, dem Publikum etwas vorführen will. Ich benutze an der Sprache hauptsächlich das, was zur Verständigung dient. Andererseits muß aber der Gebrauch der künstlerischen Mittel doch einen wesentlichen Teil der Arbeit einnehmen. Wenn sie das nicht tun, dann wird die ganze Sache nicht haltbar und ist nach kurzer Zeit nicht mehr benutzbar.«

Uwe Johnson, Interview-Antwort[15]

Die durchaus provokative Feststellung, es ginge ihm nicht in erster Linie darum, Kunst hervorzubringen, führt ins Zentrum der Johnsonschen Poetologie. Liest man die Stellungnahmen und Interviews, die der Archivar des Uwe Johnson-Archivs in Frankfurt, Eberhard Fahlke, in seiner Anthologie *Uwe Johnson im Gespräch*[16] zusammengetragen hat, so wird die strikte Unterordnung der künstlerischen Mittel unter seine thematischen Vorgaben als kleinster gemeinsamer Nenner der Johnsonschen Selbstaussagen deutlich. Dem Vorwurf der »künstlichen Verkomplizierung«[17]

begegnet Johnson mit dem Hinweis auf die Komplexität der zu beschreibenden Umstände, die eine andere Möglichkeit der formalen Gestaltung in seinem Falle nicht zuließen. Für die *Mutmassungen über Jakob* erläutert er den Prozeß ästhetischer Formung:

»Ich habe bei der Geschichte, die darin steht, nur eine Form, eine Lösung gesucht, diese Geschichte zu erzählen. Es ist aber dabei keinerlei germanistische oder konstruktivistische Überlegung vorausgegangen, sondern die Verhältnisse der Geschichte haben einfach die Darstellung bestimmt. Der Mann, um den es geht, ist tot am Anfang der Geschichte, das ist überhaupt die Geschichte! Sie ist geschehen, bevor die Beteiligten anfangen, sich ihrer zu entsinnen. Das Erzählen fängt an, wenn die Geschichte zu Ende ist. Die Frage ist nun: was bleibt von einem Menschen übrig im Gedächtnis seiner Umgebung. Das sind sehr verschiedene Dinge. Ich habe auch den ersten Versuch zu diesem Buch auf eine ganz treuherzige Weise gemacht. Ich habe so ungefähr ein Viertel chronologisch geschrieben, ohne da irgendwelche Gespräche oder Monologe dazwischen zu schieben, aber dann ergaben sich stilistische Schwierigkeiten, etwa von der Art, daß ein unbeteiligter Erzähler nicht gut die entschiedene Haltung und Meinung von Herrn Rohlfs wiedergeben kann, ohne sich in seiner allzu kritischen oder allzu ironischen oder allzu feindseligen Art dazu zu verhalten. Das schadet natürlich der Gestalt Rohlfs und darum wurde aus Herrn Rohlfs ein innerer Monolog. Außerdem: die Gewohnheiten, mit Hilfe derer man sich eines Verstorbenen erinnert, sind eben Gespräche und erinnernde Monologe, das ist dann alles so ziemlich von selbst gekommen.« [18]

Nun verbürgt eine Absichtserklärung nicht immer auch deren Einlösung – bei Uwe Johnson jedoch erweist sich das vom Autor selbst entwickelte Erklärungsmodell bei näherer Beschäftigung mit seinen Romanen als durchaus einleuchtend. Denn in der Tat gelingt es ihm, durch den gezielten Einsatz verschiedenster literarischer Techniken die dargestellte Wirklichkeitserfahrung ihrer vermeintlichen Eindeutigkeit und Selbstverständlichkeit zu entkleiden, scheinbar Vertrautes in Unvertrautes umzuwandeln. Die Oberfläche der Alltagserfahrung wird brüchig, neue Perspektiven eines unterschiedlichen Verständnisses der dargestellten Wirklichkeit werden sichtbar. Die überaus sprachbewußten Formulierungen Johnsons zeugen von der Eigenständigkeit und Differenziertheit eines Denkens, das sich geläufigen Klischeevorstellungen im ästhetischen Prozeß bewußt entzieht und auf diese Weise neue Wirklichkeitsräume schafft. Wenngleich Johnson betont, nicht in erster Linie Kunst hervorbringen zu wollen, erweisen sich die künstlerischen Mittel bei näherer Betrachtung doch als notwendige Voraussetzung der angestrebten Wahrheitsfindung in kritischer Absicht.

Wahrheitsfindung darf in diesem Zusammenhang indes nicht als punktuell verifizierbares Ergebnis, als unumstößliche Sicherheit, als »letzte« Wahrheit im philosophischen – oder ideologischen – Sinne gedacht, sondern muß vor allen Dingen in ihrer Prozeßhaftigkeit begriffen werden – als geduldige Dechiffrierung der Wirklichkeit im Medium der Kunst. Im Gegensatz zur wissenschaftlichen Wahrheitsfindung, die diskursiv zur endgültigen »Wahrheit« voranzuschreiten trachtet, um diese schließlich als Resultat des geführten Argumentationsganges festzuhalten, ist der Prozeß der Wahrheitsfindung, wie ihn Johnsons Romane vorführen, prinzipiell unabgeschlossen. Die Evidenz der durchschauten Wirklichkeit durch die Organisation des Materials realisiert sich unmittelbar, als jähes Erkennen einer zuvor unbegriffenen Dimension, das jedoch keineswegs Anspruch auf absolute Gültigkeit der einmal gewonnenen Erkenntnis erhebt. Überall dort, wo Situationen zweideutig und Umstände zweifelhaft sind, eröffnet Johnsons Verfremdungstechnik dem Leser neue Perspektiven des Verständnisses und der Beurteilung.

Das ausdrückliche Interesse Johnsons an den politischen Hintergründen der individuellen Existenz läßt auf eine gesellschaftskritische Intention schließen. Der »vorgeführte« Prozeß der Wahrheitsfindung ist für ihn nicht Selbstzweck, nicht der Prüfstein für die Validität seiner ästhetischen Gestaltungskraft, sondern zielt auf die Auseinandersetzung mit den politischen Verhältnissen der Vergangenheit und der Gegenwart.

Der gesellschaftskritische und der ästhetische Impuls seines Schaffens sind freilich nicht voneinander zu trennen. In Johnsons Romanen verbinden sich beide zu jener charakteristischen Einheit, die die innere Beziehung der einzelnen Werke untereinander sicherstellt. Ob Ingrid Babendererde, Jakob und Gesine, Heinrich Cresspahl oder Karsch – alle wichtigen Gestalten verbindet eine fanatische Wahrheitsliebe, die in ihrer Unbestechlichkeit den besonderen Blick auf den historischen Verlauf prägt.

Doch sind es keineswegs nur die einzelnen Figuren, die in ihrer Wahrhaftigkeit die Wahrheit der Romane erzeugen. Der Prozeß der Wahrheitsfindung realisiert sich vielmehr im Austausch von Meinungen und Einschätzungen als kleinster gemeinsamer Nenner der unterschiedlichen Auslegung. Die Aufhebung der auktorialen Erzählperspektive zugunsten der Gestaltung von Gesprächssituationen läßt sich für fast alle Romane Uwe Johnsons als entscheidendes Kompositionsprinzip nachweisen.

Am prägnantesten ist dieses Verfahren in den *Mutmassungen über Jakob* zu verfolgen: Aus den individuell verschiedenen, zum Teil widersprüchlichen Erfahrungen der einzelnen Personen mit dem Protagonisten entwickelt sich sukzessive eine Vorstellung von dem Menschen Jakob Abs. Ein eindeutiges Bild entsteht hierbei freilich nicht. Wahrheitsfindung, wie Johnson sie begreift und praktiziert, kennt keinen Endpunkt, kein offizielles Resultat, das von der weiteren Auseinandersetzung entlasten könnte. Sie bleibt Mutmaßung und steht als solche für den Versuch unendlicher Annäherung an die – jeweilige – Wahrheit.

Der Wahrheitsbegriff, der Johnson vorgeschwebt haben mag, ist, bei aller moralischen Rigidität im Einzelfall, undogmatisch. Er zeichnet sich durch eine Differenziertheit des Urteils aus, die das singuläre Phänomen jeweils im besonderen prüft, ohne sich schematisch auf ein allgemeines Prinzip zu berufen. Die Unmöglichkeit, die »Wahrheit« seiner Romane zu instrumentalisieren, muß als Kritik am Absolutheitsanspruch ideologisch verbrämter »Wahrheit« begriffen werden, wie Johnson sie als junger Mann in der DDR erfahren hat. Seine ambivalente Stellung zwischen jenen beiden politischen Systemen, die *den* Antagonismus der gesellschaftlichen Verhältnisse schlechthin repräsentierten, läßt darauf schließen, daß sein Verständnis von »Wahrheit« sich in den Kategorien von Gut und Böse, von Richtig und Falsch nicht angemessen erfassen läßt.

Daß das Problem einer praktikablen politischen Wahrheit damit jedoch keineswegs gelöst ist, belegen romanimmanent die Konflikte der dargestellten Figuren mit ihren tatsächlichen Handlungsspielräumen. Weder Gesine noch Heinrich Cresspahl gelingt es, ihrer kritischen Haltung gegenüber der Gesellschaft politisches Gewicht zu verleihen. Die Differenziertheit ihrer Wirklichkeitskritik erweist sich als unvereinbar mit den Machtstrukturen der politischen Praxis. Einen Ausweg aus dem Dilemma, eine positive Lösung des dargestellten Konflikts, vermögen die *Jahrestage* ebensowenig wie die *Mutmassungen* oder *Das Dritte Buch über Achim* anzubieten. Der Bezug der Romane zur Lebenspraxis ist vermittelt; weder enthalten sie konkrete Handlungsanweisungen, noch ist ihnen eine explizite Botschaft inhärent, sie repräsentieren nicht mehr und nicht weniger als ein Modell kritischer Reflexion im Medium des Ästhetischen.

In besonderer Weise bedürfen die Romane Uwe Johnsons eines Lesers, der ihre Offenheit als »Angebot« (VPR, 35) wahrzunehmen bereit ist. Die vorgeführte Aneignung der Wirklichkeit vermag den Antagonismus von Denken und Handeln, von Kunst und Leben zwar nicht aufzulösen, erinnert jedoch eindringlich an die unbedingte Notwendigkeit zur gedanklichen Durchdringung der gesellschaftlichen Verhältnisse mit dem Ziel ihrer Veränderung. Gesines leitmotivisch wiederholter Wunsch – »Wenigstens in Kenntnis leben« – steht in der Tradition aufklärerischen Denkens, dessen komplexes Erbe es heute zeitgemäß zu verwalten gilt.

Wahrheit als Resultat ästhetischer Formung

> »Auch die sprachliche Artikulation stößt auf Widerstände. Es gibt keinen einheitlichen Ausdruckszusammenhang für das Gemisch unabhängiger Phänomene.«
> Uwe Johnson, *Berliner Stadtbahn*[19]

Die Kategorie der Wahrhaftigkeit ist im 20. Jahrhundert zunehmend fragwürdig geworden. Proportional zur fortschreitenden Komplexität der gesellschaftlichen Systeme wächst die Unübersichtlichkeit, die es sowohl dem Philosophen als auch dem Künstler schier unmöglich macht, verbindliche Orientierungspunkte zu definieren, von denen aus die Wahrheit über die bestehenden Verhältnisse ausgesprochen werden kann. Der rasche gesellschaftliche Wandel verpflichtet das Denken zu einer nie gekannten Geistesgegenwart. Es muß, will es den Wandel begrifflich nachvollziehen, mit diesem Schritt halten. Um seinen Gegenstand, den historischen Verlauf, jedoch wirklich zu durchdringen, bedarf es der der chaotischen Vielfalt der widersprüchlichen Strömungen gemäßen Formen der Aneignung. Der von der technischen Entwicklung ermöglichte universelle Transfer von Informationen entzieht der traditionellen Kunst des Erzählens den Boden. Der Künstler, der sich mit der Abbildung der Wirklichkeit begnügt, bleibt hinter seiner Zeit zurück, ja, er gerät unversehens in die Gefahr, sich – gewollt oder ungewollt – affirmativ zu ihr zu verhalten.

Die heterogenen Formen der Wirklichkeit sind heute von einem homogenen Standpunkt aus nicht mehr zu erfassen. Ihre innere Ordnung ist fragwürdig geworden. Sie verlangen mehr denn je nach Zeugenschaft, können andererseits aber nicht mehr einfach bezeugt werden.

An diesem Widerspruch entzünden sich die disparaten Formen moderner Kunst, in deren Zentrum die Frage nach der Organisation des Materials rückt. Bei aller Heterogenität des Ausdrucks muß der Reflex auf die eigene ästhetische Praxis als der gemeinsame Index moderner Kunst angesehen werden. Keine normative Poetik entlastet den zeitgenössischen Künstler von der Notwendigkeit zur Auseinandersetzung mit den angemessenen Formen künstlerischen Ausdrucks.

Die beiden Weltkriege und die aus ihnen resultierenden gesellschaftlichen und politischen Umwälzungen haben die Veränderung und Entwicklung der ästhetischen Formensprache des 20. Jahrhunderts nachhaltig beeinflußt. Die für die Generation Uwe Johnsons entscheidenden historischen Erfahrungen, der Nationalsozialismus, der Holocaust und schließlich die deutsche Teilung, zwingen den Schriftsteller zum Nachdenken über seine Arbeit und deren gesellschaftlichen Standort.

So dokumentiert bereits Johnsons Romanerstling *Ingrid Babendererde* eindringlich die Entschlossenheit des jungen Autors zur maximalen ästhetischen Durchdringung seines Gegenstands. Die souveräne Gestaltungskraft, die sich bereits hier andeutet, ist um so erstaunlicher, wenn man sich den notwendigerweise begrenzten geistigen Horizont eines im Nationalsozialismus aufgewachsenen und an ostdeutschen Schulen und später Universitäten erzogenen jungen Studenten der Germanistik Anfang der fünfziger Jahre vergegenwärtigt. Der an Lukács' Ästhetik orientierte Begriff des »sozialistischen Realismus« war die Staatsdoktrin, der sich jeder »fortschrittlich gesonnene« Schriftsteller widerspruchslos unterzuordnen hatte, um nicht dem Verdikt des »Konterrevolutionärs« zum Opfer zu fallen. Insbesondere in den frühen fünfziger Jahren führte die SED einen gnadenlosen Kampf gegen den sogenannten »Formalismus«, der als Ausdrucksform spätbürgerlicher Dekadenz für politische Rückschrittlichkeit schlechthin stand. Texte jener Autoren, an denen sich der Formenkanon der klassischen Moderne des 20. Jahrhunderts aufrichtet – Proust, Musil, Joyce, Döblin, Faulkner, um nur einige zu nennen –, waren entweder schwer oder gar nicht zugänglich. Weder in der Oberschule noch an der Universität wurde – schenkt man den Aussagen von Zeitzeugen Glauben – zur Auseinandersetzung mit den gelesenen Texten, zur kritischen Reflexion, aufgefordert; geprüft wurde reines Faktenwissen – und die politische Zuverlässigkeit des Kandidaten.[20]

Die Irritation mecklenburgischer Oberschüler über den für damalige Verhältnisse geradezu revolutionären Versuch ihres jungen Deutschlehrers, sie jenseits von ideologischem Zwang zum eigenen Denken und Urteilen zu motivieren, schildert Johnson im Kapitel »Schach von Wuthenow« im vierten Band der *Jahrestage* (JT, IV, 1694-1707). Hier werden zwei einander ausschließende Interpretationspraktiken gegenübergestellt. Während der Praktikant Mathias Weserich auf sachlich-immanenter Textanalyse mit fundiertem historischem Hintergrund besteht, belegt Lukács' Aufsatz »Der alte Fontane«, mit dem der Schüler Lockenvitz seinen Lehrer während des Unterrichts absichtsvoll brüskiert, das Prinzip der Instrumentalisierung literarischer Texte im Sinne der herrschenden Ideologie, wie es in der DDR offiziell praktiziert wurde.

Intellektuelle Redlichkeit steht hier gegen die willkürliche Vereinnahmung der Kunst durch die politischen Machthaber. Die geschilderte Episode macht die ungeheure Schwierigkeit der jungen Menschen von damals deutlich, sich der universalen Indoktrination zu entziehen, die der Staat DDR in sämtlichen Bereichen des gesellschaftlichen Lebens ausgeübt haben muß.

Die Selbständigkeit des Johnsonschen Denkens, dem die formalästhetischen Prinzipien seiner Werke entspringen, hat sich der junge Autor gegen alle äußeren Widerstände allein erkämpfen müssen. Die Souveränität im Umgang mit dem von Staats wegen verfemten Traditionsstrang der Avantgarde, wie sie sowohl *Ingrid Babendererde* als auch die *Mutmassungen* demonstrieren, ist das Resultat einer ebenso unabhängigen wie kritischen Auseinandersetzung mit vorgegebenen Denkmustern, zu der Johnsons Romane die Leser ihrerseits auffordern.

Die stilistische Eigenart der Johnsonschen Prosa ist in Anlehnung an den Titel seines zuerst erschienenen Romans häufig als »Mutmassungsstil« bezeichnet worden. Wie in jedem Gemeinplatz steckt indes auch in dieser etwas plakativen Charakteristik ein richtiger Kern. Denn in der Tat zeichnen sich sämtliche Romane Johnsons durch die eklatante Abwesenheit finaler Gewißheiten aus.

Weder enthalten sie eine Botschaft, noch bieten sie praktikable Lösungen an, die als direktes Resultat des dargestellten Entwicklungsganges dingfest gemacht werden könnten. Vielmehr besteht die besondere Kunstfertigkeit des Autors gerade darin, Vertrautes in Unvertrautes umzuwandeln, die alltägliche Wirklichkeitserfahrung also im Medium des Ästhetischen zu verfremden. Seine *Mutmassungen* über die Wirklichkeit sind ideologiekritisch, insofern sie keinerlei Absolutheitsanspruch erheben, sondern sich explizit als eine »Version von Wirklichkeit« (VPR, 35) begreifen. Die Abwesenheit von Sicherheit ist jedoch keineswegs mit Ungenauigkeit gleichzusetzen. Johnsons Prosa zeichnet sich durch eine beeindruckende Präzision im Detail aus, die durch das Zusammenspiel verschiedener literarischer Techniken erzielt wird. Gespräch, Montage und innerer Monolog stellen das epische Gerüst bereit, mit Hilfe dessen die Wirklichkeit des Romans konstruiert wird.

Der berühmte Anfangssatz der *Mutmassungen* führt sogleich ins Zentrum der Erzählstruktur: »Aber Jakob ist immer quer über die Gleise gegangen.« (MJ, 7) Zwei Personen unterhalten sich über den rätselhaften Unfall, dem Jakob Abs zum Opfer gefallen ist. Der Leser befindet sich in der Rolle des zufälligen Zuhörers eines fremden Gesprächs. Die Situation ist realistisch; es passiert, daß man an öffentlichen Orten unversehens Zeuge einer Unterhaltung wird, deren Inhalt sich erst nach längerem Zuhören nach und nach erschließt. Als Baustein des Romans suggeriert die Gesprächssituation also eine Authentizität, die den Leser unmittelbar in den dargestellten Prozeß der Wahrheitsfindung mit einbezieht. Nach wenigen Zeilen bereits wird das Gespräch jäh unterbrochen. Der sprachliche Duktus verändert sich merklich. Nicht umgangssprachlich, sondern nunmehr in korrektem Schriftdeutsch meldet sich der Erzähler zu Wort, der auf seine Weise den Hergang des Unfalls zu rekonstruieren versucht. Im Anschluß an einen weiteren Gesprächsausschnitt wird schließlich die dritte große Erzählebene des Romans, der innere Monolog, eingeführt. Nun spricht Gesine Cresspahl, Jakobs angenommene Schwester, Freundin und schließlich Geliebte.

Die *Mutmassungen über Jakob*, die Suche also nach den wahren Umständen und Ursachen seines Todes, vollzieht sich in der Auseinandersetzung unterschiedlicher Meinungen, Erfahrungen und Bewertungen der Ereignisse durch beteiligte und unbeteiligte Personen. Wahrhaftigkeit darf in diesem Zusammenhang wiederum nicht als absolute Sicherheit begriffen werden, sie konkretisiert sich vielmehr als kleinster gemeinsamer Nenner der verschiedenen Einschätzungen, die der Erzähler kunstvoll in den Roman montiert. Durch die Gestaltung von Gesprächssituationen, in denen alle Partner gleichberechtigt zu Wort kommen, gelingt Johnson die für seine Romane typische Verquickung von Genauigkeit im Detail und Offenheit der definitiven Auslegung: Während die Umstände, die zu Jakobs Tod geführt haben, ungeklärt bleiben, hat sich unversehens aus vielen Bildern und Einzelmomenten eine recht präzise Vorstellung von dem Menschen Jakob Abs entwickelt – eine andere Wahrheit als die ursprünglich gesuchte ist das durchaus überraschende »Ergebnis« des dargestellten Prozesses der Wahrheitsfindung.

Auch im *Dritten Buch über Achim* ist das Gespräch zwischen dem westdeutschen Journalisten Karsch und dem ostdeutschen Radrennfahrer Achim strukturbildend. Die widersprüchliche »Wahrheit« über Achim, dessen Biographie Karsch schreiben will, entwickelt sich gegen dessen Willen in den halboffiziellen, halbprivaten, stets jedoch zielgerichteten Gesprächen mit Karsch. Nicht der allwissende Erzähler deckt die Widersprüche und Brüche in Achims Lebenslauf auf, sondern die Demaskierung der Scheinidentität des ostdeutschen Jugendidols vollzieht sich als Erkenntnisprozeß Karschs, als langsame und schwierige Annäherung an die Verhältnisse im anderen Teil Deutschlands. Der Dialog zwischen beiden Männern mißlingt aufgrund der Unvereinbarkeit ihrer Wertvorstellungen.

Während Achim als typischer Opportunist für die uneingeschränkte Bereitschaft steht, die eigene Person dem staatlichen Interesse ganz und gar unterzuordnen, besteht Karsch auf der Unverwechselbarkeit und Widersprüchlichkeit eines jeden Lebenslaufs. Anders als in den *Mutmassungen*, in denen der dargestellte Dialog in erster Linie auf den Konsens, auf eine tragfähige Übereinkunft über den Menschen Jakob Abs zielte, dient die institutionalisierte Gesprächssituation im *Dritten Buch über Achim* dazu, die Unterschiede zwischen den beiden Protagonisten und ihren Lebenswelten herauszuarbeiten. Die angestrebte Wahrheitsfindung zielt in diesem Falle nicht auf die Herstellung positiver Bilder, sondern auf die Zerstörung falscher Wahrheiten, wie sie der »Mythos« Achim darstellt. Wiederum erweist sich der Dialog als ein den Intentionen des Autors angemessenes Gestaltungsmittel, wenngleich in diesem Zusammenhang nicht übersehen werden darf, daß die tendenziell stereotype Handhabung im *Dritten Buch über Achim* letztlich auf Kosten der lebendigen Personengestaltung geht. Die drei Protagonisten Karin, Achim und Karsch gewinnen im Verlauf des Romans kaum an Kontur. Das Prinzip, das sie im Sinne der Anlage des Romans verkörpern müssen, läßt wenig Raum für jene persönlichen Eigenarten, die aus Typen erst Individuen machen. Im Vergleich zu den *Mutmassungen*, in denen der Dialog das Spezifische der einzelnen Figuren deutlich hervortreten läßt, wird die schematische Typisierung hier als Mangel an ästhetischer Überzeugungskraft deutlich. Die offensichtlichen Schwächen des Romans könnten unter anderem mit der Tatsache im Zusammenhang stehen, daß sich Johnsons Kritik an den »real existierenden Verhältnissen« in der DDR im *Dritten Buch über Achim* erheblich verschärft. Immerhin ist es hier der westdeutsche Journalist, der mit seinen Wertvorstellungen als Fremder in die DDR reist, während es in den *Mutmassungen* die DDR-Bürger Gesine und Jakob sind, die die Reise in die entgegengesetzte Richtung unternehmen. *Das dritte Buch über Achim* ist das erste Buch, das Johnson nach seiner Übersiedlung in den Westen geschrieben hat. Es ist der Versuch einer vorsichtigen Distanzierung, die jedoch ihre verbindlichen Orientierungszentren weitgehend eingebüßt hat. Während die *Mutmassungen* von einem DDR-Schriftsteller geschrieben wurden, der damit einen Beitrag zur Veränderung der erstarrten Verhältnisse im eigenen Land leisten wollte, zeugt *Das Dritte Buch über Achim* von jener geistigen und physischen Heimatlosigkeit des Erzählers, die alle seine späteren Romane mit der Firnis der Traurigkeit überzieht. Der unverbrauchte Zorn, aus dem die *Mutmassungen* ihre ästhetische und politische Evidenz beziehen, verwandelt sich im Verlaufe der Entwicklung Uwe Johnsons zunehmend in Resignation, die der Schriftsteller ob seines eigenen Selbstverständnisses aber nicht zulassen darf.

Die *Jahrestage* sind in diesem Sinne als der großangelegte Versuch zu begreifen, durch die schonungslose Aufarbeitung der Vergangenheit einen neuen, hoffnungsvolleren Standpunkt zu gewinnen. Es ist in diesem Zusammenhang wiederum der Dialog, die Konfrontation der Meinungen also, der als entscheidendes Strukturmerkmal auffällt. Sind Vergangenheit und Gegenwart die Pole, die das raum-zeitliche Kontinuum des Romans strukturieren, so verankert der Dialog zwischen Mutter und Tochter die Erinnerungen Gesines fest in der New Yorker Gegenwart. Im Gespräch erst gelingt es Gesine, ihre Erinnerungen und Erfahrungen zu ordnen und damit der Reflexion zugänglich zu machen. Doch nicht nur Maries Fragen und Einwände stützen das dialogische Grundmuster des Romans. Ebenso Gesines imaginierte Dialoge mit den Toten sowie ihre aktive Auseinandersetzung mit der *New York Times*, die bisweilen als »Tante Times« personifiziert wird, können im weitesten Sinne als Gesprächssituationen klassifiziert werden. Die unterschiedliche Wirklichkeitserfahrung der dargestellten Personen wird nicht vom Erzähler statisch festgeschrieben, sondern in ihrer dynamischen und damit grundsätzlich offenen Dimension entwickelt. Reale Widersprüche und Ungereimtheiten prägen in ihrer Unsicherheit die Gestalt des Romans: das Gespräch stockt, Mißverständnisse blockieren den Dialog, mangelnde Aufmerksamkeit verhindert eine sinnvolle Verständigung zwischen den Personen. Die Aufarbeitung der Vergangenheit, wie Gesine und Marie sie in ihren Gesprächen anstreben, gelingt immer nur bis zu einem gewissen Grade. Gerade die Abwesenheit finaler Sicherheiten aber wird dem Roman letztendlich zum ästhetischen Gewinn. Die Brisanz historischer Erfahrung und ihrer möglichen Lehren bleibt auf diese Weise vielschichtig und damit aktuell.

Die angestrebte Offenheit wird in den *Jahrestagen* maßgeblich auch über die Montage von Wirklichkeitspartikeln realisiert, die die Fiktion immer wieder aufs neue mit der sie hervorbringenden Wirklichkeit konfrontieren. Insbesondere die Zitate aus der *New York Times* stellen einen Bezugsrahmen bereit, innerhalb dessen sich die Auseinandersetzung sowohl mit dem politischen Tagesgeschehen als auch mit der Vergangenheit vollzieht. Das Montageprinzip zielt auf Distanz. Es evoziert eine permanente Spannung, die es dem Leser kaum ermöglicht, fraglos in das Erzählte hinabzutauchen:

»Der Spielplatz zwischen den Straßen Hudson, Gansevoort, 4. West und Horatio, auf der Höhe von Pier 52, heißt seit gestern nach John A. Seravalli. Der Junge hatte dort Basketball gespielt. Am 26. Mai 1966 zog die Armee ihn ein. Am 28. Februar 1967, einundzwanzig Jahre alt, wurde auf einer Patrouille nahe Souida getötet.

Im Sommer 1937 wollte Horst Papenbrock sich aus freien Stücken zur Wehrmacht melden.

Als er es Lisbeth sagen wollte, traf er sie beim Besteckputzen. Sie hatte den Küchentisch mit Handtüchern ausgelegt, und die Arbeit schien ihr durch die Hände zu rutschen, so schnell wendete sie drei Messer zwischen den Fingern, tupfte den Korken in Wasser und dann in das Schmirgelpulver in der aufgezogenen Schublade [...] Es war ein Sonnabend, das Gefühl von Arbeitsruhe schlug schon durch. Horst mochte nicht gleich anfangen, so daß Lisbeth an einen gewöhnlichen Besuch glaubte [...]« (JT II, 567 f.)

Die sachlich-leidenschaftslose Nachricht vom Sterben eines jungen amerikanischen Soldaten in Vietnam steht in forciertem Kontrast zur übergangslos sich anschließenden Schilderung von Lisbeths ruhiger Hausarbeit. Durch die schroffe Gegenüberstellung wird eine Blockbildung erzeugt, die beim Leser Distanz hervorrufen muß. Das Eintauchen in die scheinbare Idylle, die offene Identifikation mit dem Erzählten also, ist unmöglich. Die vom Verfasser kühl kalkulierte, disparate Reaktion des Lesers wird auf diese Weise zum Bestandteil der literarischen Fiktion. Im ersten Moment scheinen die beiden Textblöcke auseinanderzufallen – zu einem angemessenen Verständnis der Passage kommt es indes nur dann, wenn die ästhetisch kunstvolle Verklammerung der widerspruchsvollen Wirklichkeitserfahrung vom Leser als solche nachvollzogen wird, wenn er das Nebeneinander des Unvereinbaren auszuhalten lernt. Die Montagetechnik, wie Johnson sie in den *Jahrestagen* verwendet, zielt nicht auf Synthese, nicht auf Vereinheitlichung der unterschiedlichen Wirklichkeitsräume, sondern verleiht der Widersprüchlichkeit der realen Erfahrung Ausdruck und steht somit im Dienste der schwierigen Wahrheitsfindung.

In seinem Nachruf auf Ingeborg Bachmann, *Eine Reise nach Klagenfurt*, den Johnson 1974, ein Jahr nach dem Tode der Dichterin, vorlegte, wird die Zitatcollage zum strukturellen Gerüst des gesamten Buches. In diesem Text, der aufgrund seines Sujets und seiner Form eine Sonderstellung im Johnsonschen Werkkontext einnimmt, bestimmt das Montageprinzip ganz und gar die ästhetische Struktur der Prosa. Das besonders delikate Problem der angemessenen Annäherung an eine Tote gibt in diesem Falle den Ausschlag für den bewußten Einsatz einer literarischen Technik, die von vornherein auf Multiperspektivität und damit auf Distanz zielt. So erschöpft sich das Buch keineswegs in der Nacherzählung des Bachmannschen Lebensweges, sondern ist im Grunde nichts anderes als die Verarbeitung einer viertägigen Reise nach Klagenfurt, die Johnson wenige Tage nach dem Tode der Dichterin Ende Oktober 1973 unternahm. Seine Trauer – Uwe Johnson und Ingeborg Bachmann waren seit dem Aufenthalt des Autors als Stipendiat der Villa

Massimo in Rom 1962 miteinander befreundet – versucht er durch eine betonte Sachlichkeit im Umgang mit seinem Material zu überwinden. Es ist offensichtlich, daß er die persönliche Verbundenheit mit seinem »Sujet« als Gefahr für die angestrebte ästhetische Durchdringung begriffen haben muß, die für ihn einzig über ein Höchstmaß an Distanzierung überwindbar schien. So sind es neben den Texten der Bachmann (Prosa und Interviews) maßgeblich Zeitungsberichte, Auszüge aus Fremdenführern, Fahrpläne sowie minutiöse Beschreibungen der Topographie Klagenfurts, die Johnson für seine Recherchen heranzieht. Seine eigenen Eindrücke bei den Spaziergängen durch die Stadt sowie bei Besuchen in Museen, Bibliotheken und Archiven ergänzen das Mosaik aus Wirklichkeitspartikeln, das eben auf eine – wenn auch schwierige – Annäherung an die Schriftstellerin Ingeborg Bachmann zielt.

Am Widerspruch zwischen dem Künstlertum der Bachmann und der Provinzialität ihrer Herkunft entfaltet Johnson – weitgehend in Andeutungen und zwischen den Zeilen – seine »Wahrheit« über das problematische Leben und Sterben der Dichterin. Wiederholt zitiert er aus einem Brief Ingeborg Bachmanns, in dem das gebrochene Verhältnis zu ihrer Heimatstadt zum Ausdruck kommt: »Man müßte überhaupt ein Fremder sein, um einen Ort wie Klagenfurt länger als eine Stunde erträglich zu finden/, oder immer hier leben / vor allem dürfte man nicht [...] auch noch wiederkommen.« (ERK, 13)[21]

Johnson konfrontiert diese Einschätzung der Dichterin, die mit einigem Recht als Motto des Buches begriffen werden kann, mit exakten Angaben zur Topographie und zum Fremdenverkehrswesen der Stadt. Das widersprüchliche Bild Klagenfurts, das auf diese Weise entsteht, dient ihm als diskreter

Schlüssel zum Verständnis der Widersprüche, die das Leben der Schriftstellerin prägten.

Ob der Kenner und Liebhaber der Ingeborg Bachmann »seine« Dichterin in dieser nüchternen Totenmesse wiederfinden wird, steht dahin. Das zweifellose Verdienst des Buches fällt unmittelbar zusammen mit seiner inneren Begrenztheit: Die leidenschaftslose Nüchternheit der ästhetischen Komposition und der sprachlichen Diktion hebt sich wohltuend von dem Pathos ab, mit dem – zumal berühmte – Menschen nach ihrem Tode nur zu oft eher mystifiziert denn gewürdigt werden; andererseits tendiert die forcierte Sachlichkeit der Darstellung zu einer lakonischen Reduktion der Schriftstellerin auf ihre Herkunft und die äußeren Umstände ihres Lebens, denen sie in ihrem Werk ja gerade getrotzt hat. Die Entfaltung der inneren Dimension ihrer Existenz, die programmatisch ausgeklammert bleibt, wird hier – anders als in den Romanen – als Manko deutlich und muß dem Leser, der nicht vollständig bereit ist, die Voraussetzungen des Johnsonschen Schreibens als solche anzuerkennen, als Mangel an Einfühlungsvermögen erscheinen.

Der Einsicht folgend, daß »private Mitteilungen zur Person [...] ohnehin wenig ergiebig (BU, 24 f.) für das Verständnis eines Schriftstellers seien, reduziert sich das Leben der Ingeborg Bachmann in Johnsons *Reise nach Klagenfurt* auf die »Begleitumstände« ihres Schreibens. Betrachtet man die *Reise nach Klagenfurt* im Johnsonschen Werkkontext, so wird deutlich, daß das Buch eine Sonderstellung einnimmt. So weit wie hier hat Johnson seine »Poetik der Tatsächlichkeit« in keinem seiner Romane getrieben. Während in seinem Nachruf auf die Bachmann eine einzige literarische Technik – die Zitatcollage – den gesamten Text strukturiert, erscheint das Montageprinzip in den *Mutmassungen*, dem

Dritten Buch über Achim und in den *Jahrestagen* als *eine* Technik unter anderen. Komplementär zur angestrebten ästhetischen Distanz durch Multiperspektivität, gestaltet Johnson innere Monologe, die die dargestellten Romanfiguren aus sich selbst heraus erhellen und so auf ihre Weise den Prozeß der Wahrheitsfindung ergänzen und vorantreiben.

Sowohl in den *Mutmassungen* als auch in den *Jahrestagen* werden die Monologe bereits äußerlich durch Kursivdruck kenntlich und so in ihrer besonderen Bedeutung hervorgehoben. Diese Technik, die Johnson zuerst bei seiner Lektüre von Faulkners *The sound and the fury*, dt. *Schall und Wahn* wahrgenommen und als wirksam begriffen hatte[22], ermöglicht in den *Mutmassungen* die gleichberechtigte Auseinandersetzung der Personen über Jakob. Nicht nur den positiv besetzten Figuren wie Gesine, Jöche oder Jonas Blach wird der Monolog »gestattet«, sondern auch der Stasi-Mann Rohlfs kommt derart zu Wort, und vielleicht verhindert nur die durch den Monolog erst ermöglichte Innensicht, daß er im Sinne starrer Typologie auf die Verkörperung des negativen Prinzips schlechthin reduziert wird. Rohlfs erscheint, ohne daß seine Funktion dadurch im mindesten gerechtfertigt würde, als Mensch, der mit und in Widersprüchen lebt. Die Darstellung seiner ersten Kontaktaufnahme mit Jakobs Mutter schließt folgendermaßen:

»*Sie hat überhaupt nichts weiter begriffen als dass ich sie nach dem Mädchen gefragt habe; und wenn ich irgend kann, frage ich sie nicht noch einmal. Gut: sage ich. Ich kann solche Ruhe mit flatterndem Blick und heimlich zitternden Händen nicht vertragen, ich bin nicht so alt, ich mag nicht sehen wie einer aus Not lügt. Es wäre nicht gut gegangen. Und ich sage zu Hänschen ›Na, wolln wir heute mal beide baden gehen?‹ […]*« (MJ, 20)

In dem bereits eingangs zitierten Interview[23] bestätigt Johnson die zwingende Notwendigkeit des Monologs für die innere Struktur des Romans. Wie stets in diesem Zusammenhang verweist er auf die Zwangsläufigkeit der ästhetischen Technik, die er sich als Schriftsteller nicht etwa ausdenkt, sondern die als einzig mögliche Art der Darstellung den realen Sachverhalt nur in die Sprache der Literatur »übersetzt«. Betrachtet man die *Mutmassungen* unter dieser Perspektive, so erweist sich Johnsons Argument als einleuchtend, denn in der Tat entfalten die Gestalten des Romans ihre Persönlichkeit maßgeblich auf der Ebene des inneren Monologs.

Sowohl im *Dritten Buch über Achim* als auch in *Zwei Ansichten* (1965) verzichtet Johnson vollständig auf die Selbstverständigung der Romangestalten durch Reflexion. Das Fehlen des inneren Monologs wird in beiden Fällen, insbesondere aber in den *Zwei Ansichten*, das von der Kritik zu Recht als Johnsons konventionellstes Buch bezeichnet wird, als Mangel deutlich. Beide Romane tendieren zu einer schematischen Typisierung ihrer Figuren, deren innere Dimension weitgehend im dunkeln bleibt.

Mit *Zwei Ansichten* scheint Johnson tatsächlich an einem Tiefpunkt seiner Schaffenskraft angelangt zu sein. Auch im sechsten Jahr nach seiner Übersiedlung in den Westen ist er seinem alten Thema treu geblieben; auch *Zwei Ansichten* ist eine Ost-West-Story, die – verunglückte – Liebesgeschichte zwischen dem westdeutschen Fotografen B. und der ostdeutschen Krankenschwester D. Scheinbar ohne innere Anteilnahme, fast mechanisch erzählt Johnson hier zum wiederholten Male »seine Geschichte«, die Geschichte der mißlingenden Annäherung zwischen Ost und West. Von der Brisanz der geteilten Erfahrung, die den Leser der *Mutmassungen* und des *Dritten Buches über Achim* unmittelbar involviert, ist in *Zwei Ansichten* nicht viel zu spüren. Das Thema des geteilten Deutschland hat sich in und mit den *Zwei Ansichten* endgültig abgenutzt.

Neue Stimuli, die seine produktive Schaffenskraft beleben sollten, waren notwendig. Ein längerer Aufenthalt in New York als Schulbuchlektor, der im Juni 1966 beginnt, wird für Johnson zur entscheidenden Erfahrung. In New York entwickelt sich die Idee zu den *Jahrestagen*, mit denen der Schriftsteller endgültig zu der ihm gemäßen Form des Schreibens zurückfindet.

Nicht zuletzt der souveräne Einsatz all jener literarischen Techniken, die er im Verlauf seiner schriftstellerischen Laufbahn entwickelt hatte, ist es, der die *Jahrestage* zu einem Romanwerk eigener Qualität macht. Wie bereits in den *Mutmassungen*, wird auch hier der innere Monolog zum integrativen Baustein des Erzählens. Gesines Monologe erscheinen zumeist in der besonderen Form von imaginierten Dialogen mit Toten. Durch Kursivdruck kenntlich gemacht, wird dem Leser bereits durch die äußere Präsentation die besondere Bedeutung dieser Erzählebene suggeriert. Während der innere Monolog in den *Mutmassungen* die unterschiedlichen Charaktere der dargestellten Personen erhellt, benutzt Johnson Gesines Monolog in den *Jahrestagen*, um die erinnerte Vergangenheit aus den unterschiedlichsten Perspektiven zu vergegenwärtigen: Die Toten treten an Gesine heran, um ihre Erinnerungen zu korrigieren oder ihr eine andere Sichtweise der Dinge mitzuteilen. Ebenso wie in den *Mutmassungen* geht es auch hier um Verständigung und Konfrontation der unterschiedlichen Einschätzungen und Auslegungen. Das vergangene Geschehen, wie Gesine es erinnert, erscheint in seiner Unsicherheit als lebendige Größe, die zur Auseinandersetzung auffordert. Als Gegengewicht zur betonten Sachlichkeit der *New York Times*-Ebene wird mittels der imaginierten Gespräche mit den Toten die innere Dimension der dargestellten Faktizität deutlich. Der verbürgte und der mögliche Gang der Ereignisse treten dabei in ein besonderes Verhältnis zueinander. Korrespondenzen werden sichtbar; scheinbar nicht zusammengehörige Ebenen der Wahrnehmung erhellen sich wechselseitig und tragen auf diese Weise zur Konkretisierung neuer Sichtweisen bei.

Was in der Gegenwart unausgesprochen blieb, erhellt sich erst von einem fiktiven Standpunkt »nach dem Tode«. Die Überschreitung der Grenze zwischen Leben und Tod wird zur inneren Voraussetzung einer Qualität der Verständigung, an deren Mangel die gegenwärtige Erfahrung scheitern muß. Gesines Dialoge mit den Toten zeugen von jener Intensität des Ausdrucks, die die Romangestalten in ihren alltäglichen Lebenszusammenhängen anstreben, die aber erst in der Freiheit der Innerlichkeit ihren angemessenen Ort findet. Daß dieser jedoch keineswegs affirmativ als Gegengewicht zur Negativität der realen Erfahrung ausgesprochen wird, kommt darin zum Ausdruck, daß die imaginierten Dialoge explizit im Kontext ihrer Pathologie dargestellt werden. »Müßte das Kind vor mir geschützt werden?« fragt sich Gesine beim kritischen Nachdenken über den Kontakt mit den Verstorbenen, der ihr suspekt wird, als sie beginnt, ihn an der herrschenden Norm zu messen. Die innere Struktur der imaginierten Dialoge hat keine Entsprechung in der Wirklichkeit. Erst als ein Moment der ästhetischen Gestaltung werden sie zu Bedeutungsträgern, welche die Oberfläche der äußeren Erscheinung nachhaltig in Frage stellten.

Während die Jerichower Bürger Lisbeth Cresspahl auf einem Fest als »munter, locker, lachlustig« erleben, macht der eingeschobene fiktive Dialog zwischen Heinrich Cresspahl und Lisbeth deutlich, daß dieser Auftritt Lisbeths in Wirklichkeit nichts als ein geschickt angelegtes Täuschungsmanöver darstellt, eine höchst artifizielle Eigeninszenierung, die belegt, daß sie zu diesem Zeitpunkt bereits mit dem Leben abgeschlossen hat.

»Er stand vor seiner Scheune und betrachtete die Fahne, die am Nordgiebel über den Weg hing. Er wanderte hin und her über das Grundstück, das Kinn in der Hand, durch die leeren Stuben, auch durch Lisbeths.

Es ist jetzt alles meine Schuld, Cresspahl.

Jetzt ist das meine auch, Lisbeth.

Abends waren Festbälle angesetzt im Lübecker Hof, im Krug, im Schützenhaus, im Försterkrug. Die Cresspahls waren zu dem im Schützenhaus gegangen. Uns' Lisbeth ließ zweieinhalb Stunden keinen Tanz aus. Sie war so munter, lachlustig locker, ganz anders als die Leute von ihr erzählten. Wenn sie einmal saß, so doch immer neben Cresspahl, eine Hand wie vergeßlich aber fest auf seiner Schulter.

Ich wollte noch einmal mit dir schlafen, Heinrich. Bevor es zu Ende ist, mein ich.« (JT II, 704 f.)

Ebenso wie in den *Mutmassungen* erweist sich auch in den *Jahrestagen* der innere Monolog als notwendiges Orientierungszentrum des Romans, dessen Sinngestalten sich erst durch den Bezug der unterschiedlichen Erzählebenen zueinander nach und nach konkretisieren. Durch den gezielten Einsatz der epischen Technik gestaltet Johnson den Prozeß der Wahrheitsfindung als sukzessive Annäherung an verborgene Wirklichkeitsschichten. Die dargestellte Prozeßhaftigkeit zielt nicht auf finale Sicherheiten, sondern der Wille zur Durchdringung der Wirklichkeit im Medium der Kunst ist selbst das Modell für die angestrebte Aneignung der Vergangenheit in kritischer Absicht.

Dem reflektierten Einsatz der unterschiedlichen epischen Techniken entspricht die sprachliche Feinstruktur der Johnsonschen Prosa, die ihrerseits die Wahrheitsfindung vorantreibt. »Genauigkeit« ist der Begriff, der im Zentrum von Johnsons »Poetik der Tatsächlichkeit« steht.

Ironisch und mit einem unverkennbaren Seitenhieb auf die Literaturwissenschaften beginnt der Autor seine Frankfurter Vorlesungen *Begleitumstände* mit der Feststellung, daß für ihn beim Studium der Germanistik »eine Vorliebe für das Konkrete herausgekommen [sei], eine geradezu parteiische Aufmerksamkeit für das, was man vorzeigen, nachweisen, erzählen kann« (BU, 23). In einem frühen Interview erklärt er dem leicht irritierten Michael Roloff, er sei während seiner Studienzeit in Rostock und Leipzig häufig Straßenbahn gefahren und habe dort am meisten gelernt.[24] Die Quelle der Johnsonschen Inspiration ist die Beobachtung, die leidenschaftslose Aufmerksamkeit für das Verhalten der Menschen und ihrer Beziehungen zueinander. Diese für einen Schriftsteller zunächst kaum ungewöhnliche Herangehensweise gewinnt im Werk Uwe Johnsons ihre spezifische Bedeutung durch die Konsequenz des künstlerischen Transformationsprozesses.

Im zweiten Band der *Jahrestage* wird die sich stetig verschlimmernde Depression rekonstruiert, die Lisbeth Cresspahl schließlich in den Freitod treiben wird. Ihre Glaubwürdigkeit erfährt die Darstellung durch ein Gestaltungsprinzip, das das Auseinanderfallen von äußerem Schein und innerer Befindlichkeit nicht nur beschreibt, sondern konsequent von innen heraus entwickelt. Die für Johnsons Prosa vielfach nachgewiesene Tendenz zu parataktischen Satzkonstruktionen steht in diesem Zusammenhang für die Notwendigkeit, zwei unterschiedliche

Wahrnehmungsebenen in ihrem problematischen Nebeneinander zu vergegenwärtigen.

Im Sommer 1937 sieht Lisbeth Cresspahl tatenlos zu, wie Gesine in einer Regentonne zu ertrinken droht. Im Gespräch mit Marie werden die widerspruchsvollen Dimensionen der »Tat« deutlich.

»Und sie rührte sich nicht.

Da war ich längst unter Wasser. [...]

Dann zog sie dich raus.

Dann zog Cresspahl mich raus. Er war hinter ihr um die Hausecke gekommen und hatte ihr beim Zusehen zugesehen. Er hat es mir nach dem Krieg nicht genau erzählen mögen, nur daß sie stehen blieb ›wie erstarrt‹ als er mich triefendes Bündel an ihr vorbei ins Haus trug.

Cresspahl und einem Kind nasse Sachen ausziehen, es waschen, es abtrocknen, es anziehen, das sehe ich nicht.

Das tat sie, dazu hatte er sie geholt. Und als ich ein neues Kleid anhatte und munter genug, um das Untertauchen zu vergessen –

Hat er sie geschlagen.

Nie. Er ließ sie nun zusehen, wie er mich verhaute. Er gab sich nicht viel Mühe, leicht zuzuschlagen; ich sollte mir die Regentonne merken ein für alle Male. Nur so konnte er mich vor Lisbeth schützen.

Und sie hat ihm die Hand nicht festgehalten?

Ach was. Nun hatte sie ihrem Gott auch noch das ungerechte Leiden ihres Kindes anzubieten. [...]

Sie hat dich umbringen wollen!

Sie hat mich abgeben wollen, Marie.

Sie muß dich gehaßt haben.

Es hätte ja nicht lange gedauert, das Ertrinken.

Aber sie wollte dich los sein!

›Wer sein Kind liebt‹, Marie, der ... Sie hätte das Kind sicher gewußt, fern von Schuld und Schuldigwerden. Und sie hätte von allen Opfern das größte gebracht.

Du willst sagen, sie liebte dich.

Das will ich sagen. (JT II, 617 f.)

Die sprachliche Gestaltung des Dialogs entspricht seiner Tendenz zur Verselbständigung. Haupt- und Nebensätze rücken in ein gleichberechtigtes Verhältnis zueinander. Ihre Hierarchie wird zugunsten eines Nebeneinanders aufgehoben, das die Situation aus gegensätzlichen Perspektiven schlaglichtartig beleuchtet. Die vermeintliche Selbstverständlichkeit und Eindeutigkeit der äußeren Erscheinung zerfällt. Unter der Oberfläche des Geschehens werden Möglichkeiten sichtbar, die als Hinweise auf einen anderen als den geschilderten Verlauf zu begreifen sind. Die Aufsplitterung und ungewöhnliche Zusammenfügung der Satzglieder zwingt den Leser zum Innehalten. Das Ordnen der widersprüchlichen Sinngestalten, die ihm der Roman anbietet, obliegt seiner persönlichen Sensibilität und Kompetenz. Der angestrebte Prozeß der Wahrheitsfindung verlängert sich auf diese Weise über den Roman hinaus in die Wirklichkeit des Lesers, der aufgefordert ist, auf seine Weise an ihm mitzuwirken.

Wahrheitsfindung als ästhetische und politische Kategorie

»Er möchte gern verweilen, die Toten wecken
und das Zerschlagene zusammenfügen.«
Walter Benjamin, *Über den Begriff der Geschichte*[25]

Wenngleich der Prozeß der Wahrheitsfindung im Kontext der Johnsonschen Romane in erster Linie als epische Technik zu klassifizieren ist, so darf nicht übersehen werden, daß die dargestellte Suche nach »Wahrheit« sich sehr konkret in der kritischen Auseinandersetzung mit den gesellschaftlichen und politischen Verhältnissen der Gegenwart und der Vergangenheit entzündet und auf diese zurückzuwirken trachtet. Die Wahl der epischen Technik ist also bei Uwe Johnson kein Ausdruck von künstlerischer Experimentierfreude, sondern ist streng funktional, insofern sie im Dienste einer erweiterten Erkenntnis der Wirklichkeit steht. Der moralisch-didaktische und der künstlerische Impuls seines Schaffens sind nicht voneinander zu trennen, sie bedingen sich vielmehr wechselseitig.

Der weltpolitische Status quo, dem Johnsons Werk in seiner Gesamtheit verpflichtet ist, gehört der Vergangenheit an. Neue Machtstrukturen und eine Verschiebung des Ost-West-Konfliktes prägen die politischen Verhältnisse der neunziger Jahre. Neue und alte Nationalismen sind an die Stelle des Ideologienstreites getreten. Die Inhalte der Johnsonschen Romane sind also bereits heute, nur zehn Jahre nach Erscheinen des letzten Bandes der *Jahrestage*, historisch geworden. Der Leser der neunziger Jahre ist von den dargestellten Konflikten nicht mehr unmittelbar betroffen; seine Perspektive hat sich verändert, sein Horizont hat sich, wie Gadamer sagt, verschoben.

Die wachsende historische Distanz gibt Anlaß zu der Frage nach dem Sachgehalt von Johnsons Romanen, nach ihrer historischen Wahrhaftigkeit, die nach Walter Benjamin immer dann in den Vordergrund tritt, »je mehr sie [die Realien] in der Welt absterben«.[26] Insbesondere die *Jahrestage* sind in diesem Zusammenhang geeignet, das Bild der Geschichte, wie es der Roman nahelegt, zu hinterfragen.

Konsequent »von unten«, also aus der Perspektive der politisch Machtlosen, rekonstruiert der Roman die Geschichte des 20. Jahrhunderts von der Weimarer Republik über den Nationalsozialismus bis in die sechziger Jahre hinein. Der dargestellte historische Wandel zeitigt unter der vom Autor vorgeschlagenen Perspektive jedoch keine wirkliche Veränderung der gesellschaftlichen Verhältnisse, die Zeitläufte erscheinen im Gegenteil als Negation aller guten Hoffnung. Die dargestellten Personen, sowohl Gesine als auch Heinrich Cresspahl und Jakob Abs, scheitern in ihrem Anspruch auf ein selbstbestimmtes Leben in Würde an den historischen Konstellationen ihrer jeweiligen Lebensumstände: Heinrich Cresspahl bei seiner »Politik der kleinen Schritte«, die ihn am Ende als Gebrochenen nurmehr physisch überleben läßt; Jakob am Widerspruch zwischen seinem persönlichen Selbstverständnis als Sozialist und der zum Dogma erstarrten Norm des gesellschaftlichen Lebens im »real existierenden Sozialismus«; Gesine schließlich – hierin ihrem Autor verwandt – als geistig und politisch heimatlose Wanderin zwischen den politischen Systemen.

Nationalsozialismus, Sozialismus, Kapitalismus: Staatsformen wechseln einander ab, ohne zu einer grundsätzlichen Veränderung des gesellschaftlichen Miteinanders zu führen. Die »moralische Schweiz«, von der Gesine träumt, bleibt eine Utopie, deren Realisierung im Verlauf des Romans in immer weitere Ferne rückt. Das Individuum erscheint auf jeder historischen Stufe in seiner Vereinzelung. Zur angestrebten Kongruenz von Einzelinteresse und gesellschaftlichem Interesse kommt es zu keinem Zeitpunkt. Und doch – oder gerade deshalb – ist es eben der individuelle Lebenslauf, der Johnson als Maß des Gelingens dient. Max Frisch paraphrasierend, beschließt er die *Skizze eines Verunglückten* mit dem Satz: »Und doch, so die Antithese, vollziehe das menschliche Leben sich am einzelnen Ich, oder verfehle sich daran. Nirgends sonst.« (SV, 75)

Im Scheitern des individuellen Lebenslaufes spiegelt sich das Versagen der Epoche. Wenn es stimmt, daß, wie Milan Kundera schreibt, Romanfiguren aus einem Satz geboren werden, dann mag für Gesine Cresspahl der Satz »Wenigstens in Kenntnis leben« stehen. In diesem von ihr wiederholt geäußerten Wunsch, dem eigentlichen »Programm« der *Jahrestage*, fallen der ästhetische und der politische Impuls des Romans zusammen. Die angestrebte Wahrheitsfindung erscheint als gesellschaftliche Aufgabe, die aber nur mit den besonderen Mitteln der Kunst überhaupt zu bewältigen ist. Die Freiheit der künstlerischen Mittel, ihre Unabhängigkeit von der herrschenden Norm, ist die notwendige Voraussetzung einer gelungenen Vermittlung in kritischer Absicht. Die unterschiedlichen literarischen Techniken, die jede auf ihre Weise zur Wahrheitsfindung beitragen, stehen in ihrer Gesamtheit für das Bestreben, die »Wahrheit« des historischen Verlaufs gegen die instrumentalisierten Geschichtsbilder in Ost und West zu rekonstruieren. Daß es hierbei zu einer Synthese, einem neuen, verbindlichen »Bild der Geschichte« nicht kommen kann, versteht sich von selbst.

Gesines kritischer Blick zielt im wesentlichen auf die Entlarvung historischer Mythen, die in all ihrer Fragwürdigkeit deutlich werden. Jener verborgene Strang der Geschichte, dem Gesines Interesse gilt, das alltägliche Leben kleiner Leute in der Provinz nämlich, ist weitgehend undokumentiert und muß folglich von ihr vorgestellt bzw. erdacht werden. Die Frage, wie es denn wirklich gewesen sei, geht am spezifischen Interesse der *Jahrestage* vorbei. Was der »andere historische Roman« noch zu leisten vermag, ist die Evokation von Bildern, in denen Möglichkeit und realer Verlauf in ein besonderes Spannungsverhältnis treten. Die Geschichte erscheint auf diese Weise trotz ihres negativen Verlaufes als prinzipiell veränderbar. Wenngleich die *Jahrestage* die berechtigte Hoffnung auf eine Wendung zum Positiven durch nichts legitimieren können, ist sie doch nicht gänzlich vom Horizont der Möglichkeiten verschwunden.

»Geschichte ist ein Entwurf« – mit diesen dürren Worten zieht der alte Cresspahl am Ende des Romans lapidar Bilanz: Was war, ist nicht rückgängig zu machen; was sein wird, ist ungewiß; ein Leben in Würde ist einzig möglich im Bewußtsein des Widerspruchs und der Ungewißheit.

Johnson hat »seine« Gesine bewußt überfrachtet. Er hat sie vor eine Aufgabe gestellt, die ein Mensch – zumal ohne Glauben an Transzendenz – nicht zu bewältigen vermag. Die Tendenz zur Opferung des Lebendigen zugunsten des Exemplarischen ist unübersehbar. Gesines Auseinandersetzung mit der Vergangenheit entwickelt sich im Verlauf des Romans immer stärker zu einer fast symbolischen Verhaltensweise gegenüber der Wirklichkeit, die der Autor an ihr nurmehr »vorführt«.

Einerseits trägt der unbestechliche Blick Gesines zur Wahrheitsfindung maßgeblich bei; andererseits schwächt der moralische Rigorismus der Protagonistin ihre Glaubwürdigkeit als literarische Gestalt. Wenngleich sich dem Leser der *Jahrestage* der historische Verlauf in neuer und ungewohnter Perspektive erschließt, steht Gesine am Ende mit leeren Händen da. Die durchweg negative Qualität der gewonnenen Erkenntnisse erlaubt ihr kaum einen Ausweg. Ihre exemplarische Suche nach Wahrheit hat sich erschöpft.

Die gelungene Durchdringung des historischen Verlaufs auf der Ebene des Ästhetischen steht im krassen Widerspruch zur Negativität der Geschichtsbilder, die der Roman noch zu zeichnen vermag. Diesen Widerspruch können die *Jahrestage* ebensowenig wie andere zeitgenössische Romane überwinden.

3. Ein Modell des Erzählens

Erzählen

»So betrachtet geht der Erzähler unter die Lehrer und Weisen ein. Er weiß Rat – nicht wie das Sprichwort: für manche Fälle, sondern wie der Weise: für viele. Denn es ist ihm gegeben, auf ein ganzes Leben zurückzugreifen. (Ein Leben übrigens, das nicht nur die eigene Erfahrung, sondern nicht wenig von fremder in sich schließt. Dem Erzähler fügt sich auch das, was er vom Hörensagen vernommen hat, seinem Eigensten bei.) Seine Begabung ist: sein Leben, seine Würde: sein *ganzes* Leben erzählen zu können. Der Erzähler – das ist der Mann, der den Docht seines Lebens an der sanften Flamme seiner Erzählung sich vollkommen könnte verzehren lassen.«

Walter Benjamin, *Der Erzähler*[27]

Am Anfang allen Erzählens steht nach Benjamin »das Vermögen, Erfahrungen auszutauschen«.[28] Der Erzähler, ob er nun »im Lande geblieben ist und dessen Geschichten kennt«, oder aber »von weither kommt« und die Daheimgebliebenen mit der unbekannten Fremde vertraut macht, ist in jedem Falle ein Mann, der seinen Zuhörern »Rat weiß«.[29] Das archaische Modell des Erzählens, das Benjamin am Beispiel Lesskows entwickelt, ist dialogisch: Die Geschichten des Erzählers werden den Zuhörern mündlich vorgetragen, von ihnen aufgenommen, und – dies ist entscheidend – weitergegeben und damit in unterschiedlichen Zusammenhängen immer wieder neu hervorgebracht. Jeder Zuhörer ist in diesem ebenso simplen wie einleuchtenden Modell ein potentieller Erzähler; jeder Erzähler muß, bevor er zum Erzähler wird, sich in der Kunst des Zuhörens geübt haben.

Das Erzählen in seiner ursprünglichsten Form zielt also nicht bereits auf ästhetische Durchdringung seines Gegenstandes, sondern ist als integrativer Bestandteil des täglichen Lebens in erster Linie von praktischen Interessen geleitet. Die Geschichten sollen unterhalten, belehren, nachdenklich stimmen, kurz, den Gesichtskreis der Zuhörer vielfältig erweitern. Der Erzähler erzählt nicht um des Erzählens willen, sondern er wendet sich an seine Zuhörer in der Hoffnung auf Verständigung, auf Erfahrungsaustausch.

Benjamins Modell des Erzählens ist, wie der Autor bereits zu Beginn seines Aufsatzes klarstellt, historisch – zugleich appelliert es jedoch an die Grundstruktur menschlicher Kommunikation, ohne die jede Lebensäußerung, die alltägliche wie die künstlerische, von vornherein sinnlos wäre.

Die Gesinnung des Kunstwerks zum Dialog befindet sich zum gegenwärtigen Zeitpunkt nun nicht in Übereinstimmung mit seinen realen gesellschaftlichen Möglichkeiten, sondern im Konflikt mit ihnen: Es kann nicht mehr – wie noch zu Lesskows Zeiten – einfach erzählt werden, und es muß doch erzählt werden. Für die Kunst des 20. Jahrhunderts ist diese Aporie strukturbildend; kein ernstzunehmender Schriftsteller der Gegenwart vermag sich ihr zu entziehen.

Das Problem der Vermittlung von Kunst und Wirklichkeit, das schwindende Vertrauen in sie und zugleich die hartnäckige Hoffnung auf sie, hat Uwe Johnson zeit seines

Lebens beschäftigt. In seinen theoretischen Äußerungen wie in seinen Romanen taucht die Frage nach dem Leser vielleicht häufiger auf als bei anderen Schriftstellern seiner Generation und Provenienz. Wenngleich er bereits als junger Mann die Vorstellung von der selbstverständlichen Nachahmung der Wirklichkeit im Kunstwerk, wie sie in der DDR offiziell propagiert wurde, überwunden hatte, bleibt die Frage nach der gesellschaftlichen Funktion des Erzählens für ihn eine zentrale Kategorie seines Denkens.

So vehement er sich gegen eine Instrumentalisierung der Kunst im Interesse der Staatsraison wehrte, so wenig konnte er sich andererseits mit ihrer weitgehend kompensatorischen Funktion in der westlichen Hemisphäre anfreunden. Das Kunstwerk besitzt im Denken Uwe Johnsons Ereignischarakter, es ist eine gleichberechtigte »Version von Wirklichkeit« (VPR, 35). Was ihm vorgeschwebt haben mag, ist ein ebenso freier wie konstruktiver gesellschaftlicher Bezugsrahmen, innerhalb dessen Kunst und Wirklichkeit zum beiderseitigen Nutzen in den Dialog miteinander träten.

Dieser utopische Horizont des Johnsonschen Denkens und Schreibens betrifft die Kunst und die Gesellschaft gleichermaßen, denn der Standort der Kunst kann sich nur dann verändern, wenn auch die gesellschaftlichen Verhältnisse sich verändern. Wie unwahrscheinlich Uwe Johnson diese Wendung mit zunehmendem Alter auch erschienen sein mag, so hat er doch seine Bücher zu jedem Zeitpunkt so geschrieben, als hätte der Schriftsteller eben doch einen Ort in der Gesellschaft. Uwe Johnson war kein naiver Idealist, dazu wußte er zuviel. Der Standort, den seine Romane einnehmen, ist deshalb selbst Fiktion: Er ist das berühmte »als ob«, das auch Adorno in der letzten Reflexion seiner *Minima Moralia* anklingen läßt. Der Schriftsteller, bzw. der Philosoph, muß »im

Angesicht der Verzweiflung«[30] einen Standpunkt einnehmen, der unmöglich ist, er muß nämlich, um noch Anschauung von seinen Gegenständen zu gewinnen, diese derart in Augenschein nehmen, als seien sie – auch wenn sie dies eigentlich für ihn nicht mehr sind – an ihrem Ideal zu messen. Pointiert formuliert, ist es das absurde Bewußtsein eines Gläubigen, der nicht mehr an Gott glaubt.

Johnsons Erzählen sucht den Dialog mit dem Leser, es zielt auf Erfahrungsaustausch und Bewußtseinserweiterung, wenngleich es um die Unwahrscheinlichkeit von Wirkung weiß.

»Man kann mit Literatur nicht die Welt verbessern wollen – das ist ja ihr Unterschied zur Propaganda. Und an diese aktivistische Theorie – ein Roman sei eine Zeitbombe: eines Tages wacht man auf und die Wirkung ist da – glaube ich nicht. Ich glaube auch nicht an die Möglichkeit, die Welt in einer wissentlich oder offensichtlich falschen Weise hinzustellen und dann die Leser zu überzeugen, daß die Welt so sei. Was man so macht, nämlich daß man Geschichten erfindet und aufschreibt und unter die Leute bringt, geschieht ja nur, um den Lesern seine Version von Welt anzubieten, zum Vergleich, zum Ansehen.«[31]

In der betont materialistischen Sichtweise der Leserrezeption, die Uwe Johnson in seinen theoretischen Texten nahelegt, erscheint die Arbeit des Schriftstellers als Handwerk, als eine Art Dienstleistung am Leser, der mit dem Buch lediglich das Recht auf eine Geschichte erworben hat. Den sinnvollen Austausch, das fruchtbare Verhältnis zwischen Erzähler und Zuhörer, wie Johnson es anstrebte, dokumentiert exemplarisch ein Buch, dessen Herausgeber er ist: die Lebenserinnerungen der Journalistin Margret Boveri, die er im Jahre 1977 nach ihrem Tode veröffentlicht hat.

1968 hatte Johnson Margret Boveri kennengelernt, als er bei den Vorarbeiten zu den *Jahrestagen* den Kontakt mit Zeitzeugen suchte. Boveris Buch *Wir lügen alle*[32] hatte ihn wegen seines spezifischen »Umgangs mit der Zeitgeschichte« beeindruckt; er wollte mehr erfahren. Margret Boveri muß ihm bereitwillig Auskunft gegeben haben, denn schon bald entwickelte sich in den Gesprächen der Plan zur Niederschrift ihrer Lebenserinnerungen. Die Journalistin war zwar zunächst skeptisch, ließ sich jedoch, nachdem man sich über die Form der Niederschrift geeinigt hatte, rasch überzeugen.

In einem Brief an Johnson, den er in seinem Nachwort zitiert, unterstreicht Boveri die Bedeutung der Gesprächssituation für die Klärung ihres eigenen Standortes in der erinnerten Vergangenheit:

»Ich glaube, das Buch, wie Sie es vorschlagen, aus einander gereihten Erzählepisoden, würde nur bedrucktes Papier. Der Reiz an den Abenden mit Ihnen liegt doch daran, daß Sie mir gegenüber sitzen, die Geschichten aus mir herausholen, ihnen mit Ihren Zwischenfragen eine neue Richtung geben, oder, wie gestern, daß ich sehe, wie [die Erzählungen von einem Kollegen] Ihrer Frau Spaß machten. Daß also etwas Gemeinsames entsteht.«[33]

Und als Resultat der gemeinsamen Anstrengung von Erzählerin und Zuhörer definiert sie in einem späteren Brief:

»Ich glaube, während ich Ihnen Vergangenheit liefere, bekomme ich durch Sie eine andere Art als die mir zugängliche Gegenwart und etwas von der in ihr enthaltenen Zukunft.«[34]

Wiederum einige Monate später, nach intensiven Gesprächen mit Johnson und dessen Frau, gesteht Margret Boveri, daß bei ihr ein Prozeß der Veränderung eingesetzt habe. Die Auseinandersetzung mit ihren Gesprächspartnern hatte sie dazu gebracht, ihr eigenes Leben neu zu überdenken und die vertraute Auslegung seiner einzelnen Stadien ihrer vermeintlichen Selbstverständlichkeit zu entkleiden:

»Und ich weiß nichts, habe nicht beobachtet, nicht reagiert. Nur eins weiß ich, und das ist entscheidend und verändert alles: das Leben. Wir haben gelebt. Das war das Stärkste, wenn wir, wenn ich es vielleicht auch im Augenblick mir nicht bewußt gemacht habe, wenn ich auch zuerst, 1933, gedacht habe: ›es ist alles aus, es gibt nur noch dagegen sein.‹ Es wurde wieder ein Leben und daraus dann das, was Sie als Nutznießertum ansehen – Sie haben allerdings das Wort nicht gebraucht. Wenn Sie Jerichow in den dreissiger Jahren beschreiben, wissen Sie, was ich meine, da ist das Leben, und die öffentlichen Verhältnisse, das Verhalten zu ihnen, ist nur ein Bruchteil davon. Ich komme langsam dazu, zu glauben, daß Sie recht haben. Das bedeutet eine Veränderung in mir.«[35]

Der Prozeß des Erzählens erscheint in den Selbstaussagen Margret Boveris als die gemeinsame Anstrengung des Erzählers und des Zuhörers, der Wahrheit näher zu kommen. Der Erzähler – zumal der des eigenen Lebens – bedarf, um der eitlen Selbstgerechtigkeit des typischen Autobiographentums zu entgehen, der Begleitung durch einen aufmerksamen und kritischen Zuhörer. Der Einspruch und die Kritik sind notwendig, um die erinnerte Vergangenheit von all jenen Implikationen zu trennen, mit denen das Bewußtsein des sich Erinnernden sie in Jahrzehnten aufgeladen und verfälscht hat. Jeder, so hat Max Frisch sinngemäß einmal gesagt, erfindet früher oder später die Geschichte, die er dann für sein Leben hält. Einzig die Konfrontation mit einem aufmerksamen Zuhörer vermag die Vergangenheit vom

Wunschdenken zu befreien. Sowohl der Erzähler als auch der Zuhörer profitieren von diesem Verfahren: der Zuhörer, indem er seine Kenntnisse und seinen Gesichtskreis erweitert; der Erzähler, indem er gezwungen ist, sein eigenes Leben in einem anderen Licht zu betrachten und so zu neuen Auslegungen gelangt.

Im Falle der Boveri-Memoiren erweist sich der Dialog zwischen Erzähler und Zuhörer als überaus fruchtbar. Der Erzählduktus der alten Dame ist in seiner unprätentiösen Art weitgehend frei von Beschönigungen; die unübersehbare Hinwendung zum Alltäglichen, zu den »Begleitumständen« eines intellektuellen Lebens, liest man mit Interesse und Gewinn. Es scheint, als haben die Fragen des Ehepaars Johnson die »Vorstellungen« der Erzählerin in der Tat »genauer« gemacht, wie Johnson es in den *Jahrestagen* ausdrückt. Für unseren Zusammenhang interessanter als der erste Teil des Buches, der von Boveri linear erzählt wird, ist der zweite Teil, der die Gesprächssituation durch die eingeschobenen Fragen Johnsons authentisch wiedergibt. Bei aller Wertschätzung für Margret Boveri begibt sich Johnson keinesfalls in die Rolle des unkritischen Bewunderers, geht es ihm doch nicht nur um die Rekonstruktion des Faktischen, sondern auch um die Freilegung der inneren Beweggründe von Entscheidungen – und diese sind bei Margret Boveri, wie bei anderen Menschen, nicht frei von Widersprüchen.

Hartnäckig kreist das Gespräch um die schwierige Entscheidung Boveris, während der Zeit des Nationalsozialismus als ausgewiesene Gegnerin des Regimes dennoch als Mitarbeiterin des *Berliner Tageblatts* in Deutschland zu bleiben. Johnson insistiert. Er pocht auf Gründe für die fragwürdige Entscheidung, mit der sich Margret Boveri zwischen alle Stühle setzt; er appelliert wieder und wieder an ihr moralisches Gewissen. Es ist offensichtlich, daß der Fragende die Erzählerin mit dem Vorsatz in die Enge treibt, in die tieferen Schichten ihrer Beweggründe vorzudringen. Es geht ihm – wie in seinen Romanen – um Wahrheitsfindung.

Margret Boveri entzieht sich der Zumutung nicht, die eigene moralische Integrität in Frage gestellt zu wissen. Sie versucht Erklärungen, sie versucht, sich noch einmal hineinzuversetzen in die junge Frau, die sie damals war:

»Ich glaube, ich hätte versucht zu erklären, was ich mir selbst von Fall zu Fall klarzumachen versuchte: ›Es ist nicht möglich, auf das Ganze, was hier geschieht, eine verändernde Wirkung auszuüben. Es ist aber wohl möglich, in dem begrenzten Bereich, in dem man lebt und arbeitet, in einer Gegenhaltung, sich seinem Gewissen entsprechend zu verhalten.‹ Wenn mir an der Zeitung gewisse Ansinnen gestellt wurden, von denen ich fand, sie seien nicht vereinbar mit meinem Gewissen – da haben Sie abgelehnt.«[36]

Johnson gibt sich mit derlei Erklärungen, die er als Akt der Selbstverteidigung bewertet, nicht zufrieden, er will mehr, anderes, er will – so scheint es – das Eingeständnis eines Widerspruchs:

»Das Deutschland, dem Sie sich zugehörig fühlten, war nicht das, in dem Sie aufgewachsen sind. Sie haben sich eine Lebensmöglichkeit geschaffen, in der Sie rundum sich zu umgeben trachteten mit einer Atmosphäre guter Taten, guter Freunde. Sie haben sich kleine Alibis verschafft durch eingeschmuggelte Adjektive oder Nebensätze. Im Zentrum immer Frau Boveri, die ihre nicht genau durchdachten, aber vorhandenen Bedürfnisse in dieser Art befriedigte. Das nenne ich amoralisch.«[37]

Trotz Johnsons mutwilliger Provokation bleibt Margret Boveri in ihrer spürbaren Verunsicherung dennoch souverän. Sie gesteht am Ende den Widerspruch ein:

»Gut. Das gestehe ich Ihnen zu. Ich kann es nicht ändern. Ich kann mich nachträglich nicht anders machen, als ich war. [...] Heute ist ein geläufiges Wort ›Veränderung‹, ›veränderbar‹. Man will das, was besteht anders haben. So wie ich aufgewachsen bin, und darauf beziehen Sie sich ja, war die Idee, daß man das Bestehende – ob man es mehr oder weniger billigte oder nicht – selbst, durch eigene Einwirkung, verändern könnte, nicht vorhanden.«[38]

Die Entscheidung Boveris zum Verbleib im nationalsozialistischen Deutschland bleibt trotz der intensiven Auseinandersetzung der beiden Gesprächspartner uneindeutig, fragwürdig, ja, rätselhaft. Der Dialog hat nicht direkt zur Klärung des umstrittenen Sachverhaltes beigetragen, hat aber die gegensätzlichen Positionen auf die Spitze getrieben: Die Alternative Gehen oder Bleiben erscheint hier ebenso wie in den Romanen Johnsons als Aporie, die im und durch das Erzählen festgehalten, aber nicht wirklich aufgelöst werden kann. Johnson weiß nur allzu gut, daß die moralische Integrität, an die er appelliert, keine objektive Kategorie darstellt, anhand derer individuelle Verhaltensmuster bewertet werden könnten. Seine Appelle zielen denn auch nicht auf Beurteilung, sondern die Provokation wird bewußt als Mittel der Wahrheitsfindung eingesetzt.

Ebenso wie in den *Jahrestagen*, deren erzählerisches Gerüst sich an den Gesprächen ihres Autors mit Margret Boveri zu orientieren scheint, ist es der Dialog, die schonungslose Konfrontation unterschiedlicher Lebenswelten, Einschätzungen und Auslegungen, die die Offenheit der Form garantiert und das Erzählte seinen Lesern zur Disposition stellt, sie also in die Diskussion einbezieht.

Auch wenn der Erzähler also heute nicht mehr unbedingt seinen Zuhörern in allen Lebenslagen mit Rat und Tat zur Seite stehen kann, so ist er – das Interesse und die kritische Aufmerksamkeit seiner Zuhörer vorausgesetzt – doch immer noch imstande, Denkanstöße zu vermitteln und damit zur Veränderung eingefahrener Denkmuster beizutragen. Die Gespräche Uwe Johnsons mit Margret Boveri belegen, daß die Vermittlung vergangener Erfahrung über die Generationen hinweg solange sinnvoll ist, wie beide Seiten über die geistige Flexibilität verfügen, sich in den anderen hineinzuversetzen und über die menschliche Souveränität den Gesprächspartner auch dann gelten zu lassen, wenn seine Handlungsweise oder seine Argumentation sich nicht in Übereinstimmung mit der eigenen befindet.

Unter diesen Voraussetzungen erscheint es immer noch möglich, daß Erzähler und Zuhörer sich in der Auseinandersetzung mit unvertrauten, ja, unbequemen Positionen veränderten. Nichts anderes hat Uwe Johnson gemeint, als er in einem Interview mit Manfred Durzak den Sinn und das Ziel seines Erzählens folgendermaßen definiert:

Beim Erzählen geht es mir ja nicht darum, daß der Leser wiedererkennend sagt: So ist es und so leben wir, was immerhin, bitteschön, ein Genuß sein kann, ein Vergnügen, das nicht ausgeschlossen sein soll. Aber mir käme es noch auf eine zweite Stufe, auf das Wiedererkennen und auf die darin wiederum enthaltene Frage an: Ja, so wie das geschrieben steht, so ist es, so leben wir. Aber wollen wir so leben? Das verlagert dann die Botschaft wiederum in die Reaktion des Lesers hinein. Ich kann ihm nur etwas zeigen und hoffen, daß er sich daraus etwas macht.«[39]

Zwischenräume des Erzählens

»I swear I see what is better to tell the best,
It is always to leave the best untold.«
Walt Whitman, *A song of the rolling earth*[40]

Im letzten Satz der *Mutmassungen über Jakob* heißt es von Gesine: »Und sie sah nicht aus wie eine, die geweint hat; das wollen wir doch mal sagen.« (MJ, 308) Zur Erinnerung, die Situation ist folgende: Nach Jakobs Tod hat Gesine zum letzten Mal ein Gespräch mit Herrn Rohlfs. Sie treffen sich in einem Lokal, das Gesine wegen seiner »weissgescheuerten Tische« (MJ, 308) für ein Treffen ausgewählt hat. Über den Inhalt des Gesprächs wird nichts berichtet. Der Erzähler beschließt den Roman mit den zitierten rätselhaften Worten, die zunächst eine gewisse Perplexität hervorrufen.

Ein letztes Mal enttäuscht Johnson ganz bewußt die Erwartungen seiner Leser. Nicht Katharsis steht am Ende der *Mutmassungen*, kein Aufatmen belohnt den Leser für seine Geduld – im Gegenteil befördert Johnson dessen Verunsicherung noch über den Roman hinaus. Wäre es nicht viel wahrscheinlicher, daß Gesine tatsächlich die Spuren einer profunden Verstörung ins Gesicht geschrieben stünden? Warum eigentlich sieht sie »nicht aus wie eine, die geweint hat«?

Der Leser kann spekulieren: Gesine ist versteinert; der Tod Jakobs, der Zusammenbruch all ihrer Sehnsüchte und Hoffnungen hat sie im wahrsten Sinne des Wortes »tränenlos« gemacht. Sie mag sich Herrn Rohlfs gegenüber keine Blöße geben; sie reißt sich zusammen. Sie ist dabei, die Vergangenheit zu bewältigen und denkt bereits an die Zukunft, d. h. an das Kind, das sie erwartet.

Die Inhalte möglicher Spekulationen sind vielfältig, doch nicht ihre wechselnden Akzentuierungen sind von Belang. Aufmerksamkeit erregt vielmehr die literarische Technik an sich, die sie nahelegt. In seinem Erzähleraufsatz kommt Benjamin auf den griechischen Geschichtsschreiber Herodot und dessen Bericht über die Gefangennahme des Ägypterkönigs Psammenit zu sprechen. Das rätselhafte Verhalten des alten Königs, der beim Vorbeimarsch seiner Angehörigen unbeweglich bleibt und erst beim Anblick eines alten Dieners Zeichen der Trauer zeigt, dient Benjamin zur Veranschaulichung eines Grundprinzips des Erzählens: dem Freihalten der Erzählung von Erklärung: »Herodot erklärt nichts. Sein Bericht ist der trockenste. Darum ist diese Geschichte aus dem alten Ägypten nach Jahrtausenden noch imstande, Staunen und Nachdenken zu erregen. Sie ähnelt den Samenkörnern, die jahrtausendelang luftdicht verschlossen in den Kammern der Pyramiden gelegen haben und ihre Keimkraft bis auf den heutigen Tag bewahrt haben.« [41]

Die Wirkung der Erzählung entsteht demnach aus der intensiven Spannung zwischen dem Gesagten und dem Verschwiegenen. Die Abwesenheit einer definitiven Klärung des geschilderten Sachverhaltes beugt dem genüßlichen Lesekonsum vor; sie bezieht den Leser in das dargestellte Geschehen ein, indem sie ihn zur aktiven Mitarbeit auffordert. Bei diesem Verfahren geht es letztendlich um die Überschreitung der Fiktion und die aus ihr resultierende Aktualisierung des Erzählten durch den Leser – ein Verfahren, das Uwe Johnson meisterhaft beherrscht.

Bereits in *Ingrid Babendererde* und ausgeprägter noch in den *Mutmassungen* wird Johnsons offensichtliche Abneigung gegen die psychologische Durchdringung seiner Gestalten deutlich. Wenngleich er mit Vorliebe außergewöhnliche

Lebensumstände schildert, Grenzsituationen, die die innere Festigkeit seiner Protagonisten auf eine harte Probe stellen, thematisiert er deren innere Konflikte und Verhaltensmuster erstaunlicherweise kaum. Die Darstellung der komplizierten und über alle Maßen spannungsgeladenen Dreiecksbeziehung Ingrid-Klaus-Jürgen kommt ohne Liebesschwüre, ohne die Darstellung der Selbstzerfleischung der Protagonisten aus. Dennoch läßt die Darstellung zu keinem Zeitpunkt Zweifel an der Intensität der Gefühle aufkommen. Gerade die Ungewißheit über die Überlegungen und Beweggründe der Figuren erweckt beim Leser den Eindruck von Tiefe und Hintergründigkeit. Das wenige, was er erfährt, genügt, um sehr präzise Assoziationen in ihm wachzurufen.

Nach einer Auseinandersetzung mit Klaus begegnen sich Ingrid und ihre Mutter. Die Darstellung dieses Zusammentreffens ist beispielhaft für die Gestaltungsprinzipien Uwe Johnsons:

»Ingrid sah gar nicht auf, sie blieb über den Sessel gebeugt und sammelte ihre Blusen auf Bügel. Aber sie war zu aufmerksam dabei mit ihren Augen, Katina sah dass sie sehr im Unglück war. Katina tat sich Gewalt an mit ihrem Weiterreden.

Vielleicht ist das so eine Sache mit einer Meinung: du hast nein gesagt, er hat ja gesagt – und da geht ihr auseinander und wollt abwarten wer hier den grösseren Stolz hat.

Es ist nichts mit Sagen und mit Stolz: sagte Ingrid lächelnd. Ihr fiel so sehr auf dass es nichts mit Sagen und mit Stolz war, da wurde es laut. Lächeln ist nur eine Bewegung in deinem Gesicht; wie war es möglich dass das so schwierig geworden war.

Katina fiel es schwer in ihrer entfernten Ecke zu bleiben, aber sie rührte sich nicht. Sie war mitgenommen von ausführlichem Mitleid, aber sie musste hier stehen bleiben und von weitem zusehen. Sie bewegte verschiedene unschickliche Worte in ihren Gedanken, denn sie war wütend über diese Art von Jugendleben. Sie sagte nichts weiter.« (IB, 190)

»Unschickliche Worte« – in diesem Ausdruck, den Johnson Ingrids Mutter in den Mund legt, konkretisiert sich das literarische Programm des Autors, die konsequente Enthaltsamkeit bezüglich der Beschreibung der Gefühlswelten seiner Figuren. Bisweilen ist Johnson dies zum Vorwurf gemacht worden. Aus dem Fehlen der Darstellung schloß die Kritik auf den tatsächlichen Mangel an innerer Dimension. Der Vorwurf der »Unsinnlichkeit« trifft seine Prosa sicherlich bis zu einem gewissen Grade, verkennt jedoch letztendlich die spezifischen Intentionen des Autors, denen eine emotionalere Darstellungsweise widersprechen würde.

Es ist die problematische Verstrickung des privaten Lebens der Protagonisten in die gesellschaftlichen Umstände, welche die Entfaltung eines reichen und facettenreichen Innenlebens von vornherein einschränkt. Johnsons Gestalten erfahren sich selbst im Widerspruch zur herrschenden Norm. Sie sind mißtrauisch bezüglich der sogenannten »großen Worte«; mit Vorliebe halten sie sich – wie ihr Autor – an das Konkrete, an das, »was man vorzeigen, nachweisen, erzählen kann« (BU, 23). Alle Regungen, die über das rein Faktische hinausgehen, werden bewußt in die Einbildungskraft des Lesers verlagert. Erst in den Zwischenräumen des Erzählens konkretisiert sich auf diese Weise das eigentlich Gemeinte. Durch die semantischen Umwege, die Johnson um bestimmte Worte macht, entgeht seine Darstellung der Banalität; das ungesagte Wort wird, ebenso wie das Gefühl, das es bezeichnet, durch Umschreibung, aufgewertet. Die literarische Verfremdung setzt Johnson als Mittel ein, um ursprüngliche Bedeutungsinhalte im ästhetischen Prozeß zurückzugewinnen. Ein Auszug aus einem Brief, in dem D. E., Gesines Freund in New York, ihr die Ehe anträgt, veranschaulicht die literarische Technik:

»Ich werde das Wort nicht gebrauchen. Nicht weil es mir zu ungenau wäre, sondern, bei dir hat es ausgedient. Inzwischen ist es dir so verächtlich, du benutzt es wieder, wenn du spielen willst in der fremden Sprache, und die Etymologie spielt noch mit. Denn im Englischen hat es einen lateinischen Vorfahren, lubere, libere, der nur darauf aus war, daß eine Freude, ein Vergnügen, eine Gefälligkeit erwiesen wird. Also sagst du auf einen nicht angenehmen Vorschlag: I'd love to. Doch das tust du; und tust das andere dann nicht. Es gefällt mir.« (JT II, 815)

Das Textbeispiel macht deutlich, daß es Johnson keineswegs darum geht, die Gefühle seiner Protagonisten aus der Darstellung zu verbannen – es ist die Unbrauchbarkeit der Alltagssprache, die ihn als Schriftsteller zur Umschreibung zwingt. Nicht immer gelingt die Rehabilitierung des verfemten Wortes überzeugend. Die systematische Entkleidung der Sprache von den Implikationen ihres alltäglichen Gebrauchs ist bisweilen von einer Angestrengtheit geprägt, die die literarische Qualität des »Umwegs« durchaus in Frage zu stellen vermag. Wenn Johnson in den *Jahrestagen* Schwarze hartnäckig als »Gefärbte« bezeichnet, das Fernsehen als »Bildfunk« und die NSDAP als »Verein zur Verschlechterung der allgemeinen Lebensqualität«, so ist Kritik angebracht. Eine literarische Technik, die sich nicht mehr an der darstellerischen Notwendigkeit ihres Gegenstandes entzündet, sondern nurmehr mechanisch gehandhabt wird, verliert ihre Überzeugungskraft, sie wird zur Attitüde.

Positiv festzuhalten ist jedoch generell das gelungene Bemühen Johnsons, seine Prosa jenem platten Psychologismus zu entziehen, der Romane minderer Qualität rasch durchschaubar und damit uninteressant werden läßt. Johnsons Figuren bleiben auch nach mehrmaliger Lektüre der Romane weitgehend undurchschaut und damit im besten Sinne des Wortes rätselhaft. Das Fehlen eines stringenten Psychogramms, aus dem heraus definitiv erklärbar wäre, warum Gesine eben nicht aussieht »wie eine, die geweint hat«, macht sie für jeden neuen Leser zum Gegenstand der Spekulation. Mehr als andere literarische Gestalten, die der Leser liebt oder ablehnt, weil er sie mit Hilfe ihres Autors zu verstehen glaubt, sind Johnsons Gestalten – allen voran Heinrich Cresspahl, Gesine und Jakob – dazu prädestiniert, ein Eigenleben außerhalb des Romans zu entwickeln, das sie mit lebendigen Menschen quasi auf eine Stufe stellt. Oskar Matzerath, Hans Schnier, Stiller, das Erzähler-Ich der *Ästhetik des Widerstands* oder etwa die großen Romangestalten Thomas Manns sind festumrissene Charaktere, die wir uns eigentlich nur im Kontext des jeweiligen Romangeschehens vorstellen können: Ein Hans Castorf außerhalb von Davos ist schlechterdings undenkbar.

Anders die Gestalten Uwe Johnsons. Mit ein wenig Phantasie entsteht vor unserem geistigen Auge eine Vorstellung von Jakobs weiterem Leben in der DDR, wie es sich hätte vollziehen können: der wachsende Konflikt zwischen seinen Überzeugungen und der Staatsdoktrin, sein hartnäckiges und eigensinniges Pflichtgefühl, das ihn wieder und wieder zum Bleiben am angestammten Ort verpflichtet hätte, seine nicht unterzukriegende Hoffnung auf die Reformierbarkeit des Sozialismus, seine Bitterkeit, sein Zorn, schließlich seine Enttäuschung. Im Jahr der deutschen Wiedervereinigung wäre der Streckendispatcher Jakob Abs, die Romanfigur, zweiundsechzig Jahre alt geworden. Was wäre da geblieben? Aufbegehren, Resignation, ein Neuanfang? Wer weiß. Die Mutmaßungen über Jakob hören nicht auf.

Im subtilen Wechselspiel von *Erzählen* und *Verschweigen* entwickelt Johnsons Prosa eine besondere ästhetische Suggestionskraft, die sie vielen zeitgenössischen Romanen, die sich entweder damit begnügen auszusprechen, was ist, oder aber sich in literarischen Formexperimenten verzetteln, überlegen machen.

In der Tat erscheinen seine Romane – betrachtet man sie unter der hier vorgeschlagenen Perspektive – als bewußte Eingriffe in die Wirklichkeit. Die Voraussetzung des Gelingens ist freilich die Souveränität des Erzählers, der sein Material distanziert zu »bearbeiten« weiß. Sowohl *Ingrid Babendererde*, insbesondere aber die *Mutmassungen* sowie die ersten drei Bände der *Jahrestage* können mit Fug und Recht als Musterbeispiel erzählerischer Souveränität gelten; anders steht es indes – mit Einschränkungen – um den vierten Band der *Jahrestage* sowie um die *Skizze eines Verunglückten*, die zuerst im Jahre 1980 in der Festschrift zu Max Frischs siebzigstem Geburtstag veröffentlicht wurde.

Die Diskretion der sprachlichen Diktion, die wir im Verlauf unserer Überlegungen als wesentliche Voraussetzung für die ästhetische Qualität der behandelten Romane herausgearbeitet haben, scheint hier einer gefährlichen Nähe des Autors zu seinen Gegenständen zu weichen. Ohne platterdings Leben und Werk kritiklos identifizieren zu wollen, so sei doch der Hinweis auf die persönlichen Krisen Johnsons erlaubt, die seine schriftstellerische Kompetenz offensichtlich unterlaufen.

Die emphatischen Naturbilder am Ende des letzten Bandes der *Jahrestage* brechen die mühsam aufgebaute Verfremdung der Wirklichkeit und eröffnen dem Leser einen Blick auf die tatsächlichen »Begleitumstände« des Johnsonschen Werkes.[42] Um diese freilich adäquat zu beschreiben, müßte die Verfasserin zu ähnlichen Mitteln greifen wie der Autor selbst. Die Andeutung mag genügen: Johnsons zunehmende Depressionen, das fortschreitende Gefühl der Heimatlosigkeit – all dies ist zur Genüge thematisiert worden und soll daher nicht noch einmal aufgegriffen werden. Für unseren Zusammenhang genügt die kaum zu widerlegende Tatsache, daß Johnsons persönliche Lebensumstände sein Werk in den letzten Jahren ganz offensichtlich immer nachhaltiger dominiert haben. Deutlich wird dies insbesondere in der bereits erwähnten *Skizze eines Verunglückten*, in der der Schriftsteller in kaum verhüllter Form das Scheitern seiner eigenen Ehe durch den »Betrug« seiner Frau thematisiert.

Die Geschichte des Joe Hinterhand, alias Joachim de Catt, den seine Frau jahrzehntelang mit einem italienischen Faschisten hintergeht, stellt die erzählerische Souveränität ihres Autors auf eine harte Probe. Wenngleich Johnson auch hier in bewährter Manier das Innenleben seiner Protagonisten weitgehend in Chiffren und insbesondere mit Hilfe von Zitaten zum Ausdruck bringt, wird doch rasch deutlich, daß die Professionalität, mit der er die literarische Technik beherrscht, in keinem Verhältnis zu der erzählerischen Souveränität steht, die seine Leser von ihm gewohnt sind. Die innere Beteiligung des Autors an den geschilderten Ereignissen ist unverkennbar, ja, sie ist allzu offensichtlich.

Trotz der betonten Sachlichkeit der Diktion ist jede Zeile dieses Buches derart aufgeladen mit unbewältigten Spannungen, daß sich eine adäquate Lektüre eigentlich nur auf der ungeschriebenen Ebene vollziehen kann. Was sich hier jedoch durch die Assoziationen konkretisiert, die das Erzählte nahelegt, ist weit entfernt von der offenen Vielfalt der Erwägungen und Einschätzungen, die Johnsons frühere Romane durch die Diskretion der Narration evozieren. Die Botschaft, die die *Skizze* auf dieser Ebene unverhüllt eben doch »ausspricht«, ist eindeutig: das von Johnson selbst so genannte »Instetten-Syndrom«, die Unfähigkeit des betrogenen, in seiner männlichen Ehre gekränkten Ehemannes, seiner Frau zu verzeihen.

Mit Erstaunen und Befremden nimmt der Leser eine Eindeutigkeit der Bedeutungsstruktur zur Kenntnis, die ihm jedes Mitspracherecht von vornherein verwehrt. Anders als seine übrigen Romane ist die *Skizze* von dem krampfhaften Bemühen Johnsons überlagert, den Leser auf seine Seite zu ziehen, ihn von seiner Sicht der Dinge zu überzeugen. Es ist dem Leser folglich kaum möglich, sich zum Dargestellten unabhängig von den Vorgaben des Autors zu verhalten. Die Reaktion auf die Lektüre der *Skizze eines Verunglückten* wird sich daher – so steht zu vermuten – in den meisten Fällen in spontaner Zustimmung oder Ablehnung des Erzählerstandpunktes erschöpfen.

Die Ehefrau erscheint hier in der Rolle der Zerstörerin, während Hinterhand mit Unterstützung des Erzählers die Gerechtigkeit zu jedem Zeitpunkt auf seiner Seite zu wissen glaubt. Über die Beweggründe der Ehefrau erfahren wir nichts – dafür umso mehr über das, was der Protagonist, respektive sein Autor, sich unter der Rolle der Frau in der Ehe vorstellt. Die Frau ist dem »schöpferischen Manne die farbigste Verkörperung des kategorischen Imperativs« (SK, 26), sie ist für ihn die »Verbindung mit der Welt« (SK, 44), vor ihr »schließt sich der Mann auf, wie der Gläubige vor Gott« (SK, 54), »sie weiß alles, was ich denke, alles, was ich sage, alles, was ich glaube, alles, was ich tun kann und alles, was ich nicht tun kann« (SK, 43).

Die Auswahl der Zitate läßt keinen Zweifel aufkommen. Die Frau, wie sie Bloch, Kandinsky, Fontane, Tschechow, Gorki und mit ihnen Johnson verstanden wissen möchten, gewinnt ihren spezifischen Wert einzig und allein auf der Objektebene, nämlich in bezug auf den Mann und dessen Anforderungen an sie. Was sie für ihn darstellt, vermitteln uns die Zitate recht genau; was sie selbst, unabhängig von den männlichen Projektionen, eigentlich ist, bleibt ebenso im dunkeln wie umgekehrt die Bedeutung des Mannes für sie selbst. So treffend die Zitate im Sinne ihres Verfassers auch gewählt sein mögen, aus ihrem Zusammenhang gerissen wirken sie im Kontext der *Skizze* nur mehr plakativ. Ihr bekenntnishafter Charakter unterminiert den Text und verhindert den Aufbau einer von den Intentionen des Verfassers unabhängigen Bedeutungsstruktur.

Die Verengung der Erzählperspektive auf nur einen – den männlichen – Blickwinkel erweist sich als fatal: Um dem Verrat und seinen Folgen wirklich mit den Mitteln der Literatur auf die Spur zu kommen, um die persönliche Erfahrung im besten Sinn allgemein zu machen, bedürfte es gerade der Erweiterung des Blickwinkels, einer Vielschichtigkeit des ästhetischen Gewebes, die auch die Unsicherheit, den Zweifel und den Widerspruch zu integrieren wüßte. Die ästhetische Distanz, die Johnson in der *Skizze* durch die Anrufung fremder Erfahrung anstrebt, wird ihm zur Falle. Die vermeintliche Distanzierung gerät zunehmend zu einem Versteckspiel, das die Konturen des sich krampfhaft Verbergenden umso deutlicher hervortreten läßt.

Über die inneren Konflikte des Autors auf der menschlichen Ebene zu urteilen, steht uns nicht an; festzuhalten ist freilich, daß seine allzu offensichtliche innere Beteiligung an den dargestellten Ereignissen die ästhetische Qualität der *Skizze* erheblich mindert: Nicht der Erzähler beherrscht in dieser Arbeit sein Material, sondern dieses beherrscht ihn und schwächt so seine Gestaltungskraft.

Vor dem Hintergrund der ästhetischen Niederlage, die die *Skizze eines Verunglückten* – zumindest unter dem hier vorgeschlagenen Blickwinkel – darstellt, konkretisiert sich andererseits das fraglose Verdienst der früheren Romane Uwe Johnsons: Es ist der souveräne Zugriff des Erzählers, der sein Material in der Form so organisiert, daß sich in den Zwischenräumen des Erzählens eine unabhängige Bedeutungsstruktur entwickelt, die über die eigentlichen Intentionen des Schreibenden hinausgelangt.

Wo Eindeutigkeit der Aussage indes dem Erzählten vorausliegt und im Text nurmehr noch mitgeteilt werden soll, versagt die ästhetische Suggestion. Die Zwischenräume des Erzählens verengen sich, die Prosa wird undurchlässig, sie schottet sich ab. Indem sie sich der Wirklichkeit verschließt, beraubt sie sich der Möglichkeit, diese aufzuschließen.

Die Arbeit des Lesens

> »Ich vergesse nicht, daß ich mich mit diesen Erzählungen an Leute wende, und also behalte ich im Gedächtnis, wie Leute – das ist eine Art allgemeines Leserbewußtsein – sich verhalten würden zu dem, was ich da mache, und ob sie es verstehen würden und wie. Das berücksichtige ich.«
> Uwe Johnson, Interview-Antwort[43]

In einem Interview berichtet Johnson von einer Leserin, die ihn darauf hingewiesen habe, daß Gesine in einer bestimmten Situation ein Pepita-Kostüm trüge. Und er fügt hinzu: »Beim Schreiben hatte ich an den Stoff nicht gedacht und nach einigem Bedenken habe ich der Leserin darin recht geben müssen.«[44] Diese kleine Episode, die Johnson offensichtlich gefällt, ist ein Beispiel dafür, was sich beim Lesen im besten Falle ereignen kann: Autor und Leser werden zu Komplizen, die die unterschiedlichen Dimensionen des Textes gemeinsam hervorbringen. Die Fiktion eröffnet Spielräume, innerhalb derer das imaginäre Vermögen des Lesers konkret wird. Bilder entstehen, die das dargestellte Geschehen sowohl illustrieren als auch mit persönlichen Akzenten versehen. Der Text selbst erscheint als »Wirkungspotential, das im Lesevorgang aktiviert wird«.[45] Die Vorstellung vom Pepita-Kostüm Gesines entsteht nicht aus sich selbst heraus, sondern in der Auseinandersetzung mit dem Gelesenen – ist das imaginäre Vermögen des Lesers doch kein sich selbst aktivierendes Potential, sondern bedarf der Mobilisierung durch die Vorgaben des Textes.

Leider kann die Wirkungstheorie nur selten auf derart konkrete Aussagen zurückgreifen, wenn sie versucht zu beschreiben, was dem Leser in der Begegnung mit Literatur widerfährt. Der »implizite Leser«, wie ihn der Literaturwissenschaftler Wolfgang Iser anvisiert, bleibt trotz aller Bemühungen um Konkretion eine höchst abstrakte, ja spekulative Größe. Natürlich gibt es ihn in seiner idealtypischen Gestalt nicht; jeder Leser wird in Anbetracht persönlicher Prägungen und einer individuell verschiedenen rezeptiven Sensibilität immer wieder neu auf einen Text reagieren. Der überprüfbare Ort einer jeden Wirkungstheorie sind daher zunächst die Strukturen des Textes, die bestimmte Verarbeitungen in Gang setzen und sie bis zu einem gewissen Grade kontrollieren.[46]

Bei der Lektüre der Johnsonschen Romane fallen viele Beispiele dafür auf, die, ohne die Dinge direkt beim Namen zu nennen, auf die Evokation ganz bestimmter Vorstellungen zielen. Zu Beginn der *Jahrestage* stellt Johnson Gesine den Lesern vor. Er verfolgt sie auf ihrem Weg zur Arbeit und beginnt – ganz konventionell – mit der Angabe ihres Alters und dem ihrer Tochter; er nennt ihren Wohnort und ihren Arbeitsplatz, doch dann fährt er fort:

> »Ich stelle mir vor: Unter ihren Augen die winzigen Kerben waren heller als die gebräunte Gesichtshaut. Ihre fast schwarzen Haare, rundum kurz geschnitten, sind bleicher geworden. Sie sah verschlafen aus, sie hat seit langem mit Niemandem groß gesprochen. Sie nahm die Sonnenbrille erst ab hinter dem aufblitzenden Türflügel. Sie trägt die Sonnenbrille nie in die Haare geschoben.« (JT I, 12)

Das einleitende »Ich stelle mir vor« steht in einem forcierten Kontrast zum Indikativ der vorhergehenden Passage. Es weist Gesine als Kunstfigur aus und zugleich veranschaulicht es das besondere Verhältnis Johnsons zu »seiner« Gesine. Wenngleich er sie als Autor im Prozeß des Erzählens selbst hervorbringt, verhält er sich dennoch mit äußerster Diskretion zu ihr, zu seiner eigenen Vorstellung von ihr. Das Bild, das sich dem Leser vermittelt, ist neben konkreten Angaben zu Gesines Äußerem – sie ist dunkelhaarig, ihr Haar ist kurz geschnitten – durchsetzt von Andeutungen, die den Leser aufhorchen lassen: Warum z.B. trägt Gesine die Sonnenbrille nie in die Haare geschoben?

Das scheinbar Marginale gewinnt als Moment der Darstellung eine Bedeutung, die genauer zu definieren in das imaginäre Vermögen des Lesers delegiert wird. Wie wir bereits in anderem Zusammenhang festgestellt haben, geht es bei diesem Verfahren nicht in erster Linie um die konkreten Inhalte der Spekulation; festzuhalten ist vielmehr die Tatsache, daß der Leser – ob er will oder nicht – an der Vorstellung, die sich der Autor von Gesine macht, beteiligt wird. Die Frage, wie ein Mensch beschaffen sei, der seine Sonnenbrille eben nicht lässig ins Haar geschoben trägt, drängt sich fast automatisch auf, ohne daß sie vom Autor beantwortet wird.

Wenngleich der tiefere Sinn des Erzählten also niemals direkt ausgesprochen wird, so konkretisieren sich auf der Ebene der Rezeption doch unterschiedlich akzentuierte Sinngestalten ein und desselben Textes. Die äußerste Präzision der Leerstellen läßt jedoch die Vermutung zu, daß die Assoziationsbreite einen gewissen Radius nicht überschreitet, denn noch in seinen Zwischenräumen gibt der Text seine Richtung klar und deutlich vor.

Wiederum mit den einleitenden Worten »Ich stelle mir vor« setzt Johnson seine Beschreibung Gesines fort. Sie wird als Zeitungsleserin ausgewiesen; der Inhalt ihrer Lektüre beinhaltet einen unmißverständlichen Hinweis sowohl auf die von ihr angestrebte Auseinandersetzung mit der Vergangenheit als auch auf ihre zukünftigen Aufgaben in Prag:

»Ich stelle mir vor: In der Mittagspause liest sie noch einmal, daß gestern nachmittag ein Mann in einem Kahn auf der Moldau in Prag spazierenfuhr, bis er zur Brücke des Ersten Mai kam. An einem Wasserbrecher hing ein Jude aus New York, der aus seinem Hotel gegangen war, um eine Zeitung zu kaufen.« (JT I, 12)

Die Präsentation Gesines schließt – wiederum im Indikativ und ohne das vorangestellte »Ich stelle mir vor« – mit der Darstellung ihrer häuslichen Lebensumstände:

»Sie wohnt am Riverside Drive in drei Zimmern, unterhalb der Baumspitzen. Das Innenlicht ist grün gestochen. Im Süden sieht sie neben dichten Blattwolken die Laternen auf der Brücke, dahinter die Lichter auf der Schnellstraße. Die Dämmerung schärft die Lichter. Das Motorengeräusch läuft ineinander in der Entfernung und schlägt in ebenmäßigen Wellen ins Fenster, Meeresbrandung vergleichbar. Von Jerichow zum Strand war es eine Stunde zu gehen, am Bruch entlang und dann zwischen den Feldern.« (JT I, 13)

Hier läßt der unvermittelte Sprung von der New Yorker Gegenwartsebene in die Jerichower Vergangenheit den Leser aufhorchen. Die melancholische Grundstimmung, die Johnson bei der Darstellung von Gesines Lebensumständen bewußt anklingen läßt, wird erst im letzten Satz aufgehoben.

Der Satz »Von Jerichow zum Strand war es eine Stunde zu gehen, am Bruch entlang und dann zwischen den Feldern« kommt einem Aufatmen gleich. Er ist eine klare und deutliche Aussage, die weder des Vergleichs noch der Umschreibung bedarf. Der Leser spürt: Hier kennt der Erzähler sich aus, hier ist er zu Hause. Die Sicherheit des Erzählers überträgt sich auf den Leser, der in Jerichow – zu Recht – einen wichtigen Bezugspunkt des Romangeschehens erkennt. Wenngleich er bisher noch nicht explizit mit der Vergangenheitsebene vertraut gemacht worden ist – wir befinden uns auf Seite 13 des Romans – so erkennt er sie in ihrer Andersartigkeit doch bereits als Gegengewicht. Durch die Tatsache, daß Johnson Jerichow lediglich – und dies hier nicht zum ersten Mal – namentlich erwähnt, gewinnt der Ort Jerichow die Qualität eines Zeichens. Es obliegt der Kompetenz und Sensibilität des Lesers, die ästhetische Chiffre auf ihre Bedeutung hin zu befragen.

Johnson hat sich einmal von seinen Lesern gewünscht, sie möchten seine Romane so langsam lesen, wie er sie geschrieben habe. Wenngleich dies wohl eine Utopie bleiben wird, so muß darauf hingewiesen werden, daß sich die Feinstruktur der Johnsonschen Prosa in der Tat nur durch eine extrem aufmerksame und gründliche Lektüre vermittelt. Zu zahl- und facettenreich sind die Anspielungen und Querverbindungen, die seine Romane durchziehen und den Leser dazu zwingen, noch das scheinbar unwesentlichste Detail ständig verfügbar zu haben. Die aktive Rolle, die Johnson seinen Lesern zugedacht hat, können diese eigentlich nur dann erfüllen, wenn sie bereit sind, sich zunächst ganz und gar auf die ihnen angebotenen Kunst-Welten einzulassen.

Vielleicht ist es wirklich notwendig, sich in einem ersten Schritt der Suggestionskraft der Johnsonschen Prosa auszusetzen, um erst in einem weiteren Schritt zu jener Distanz zu gelangen, in der der begründete Nachvollzug der Konzeption und deren Kritik in ein sinnvolles, d.h. weder von blindem Enthusiasmus noch von blindwütiger Polemik verstelltes Verhältnis träten.

4. Kritischer Realismus als Wirklichkeitskritik

Ein Modell von Wirklichkeit

»Mein Beruf stimmt in manchem noch mit der ursprünglichen Bezeichnung überein: Das Roman-Schreiben kann auch Geschichten-Erzählen sein. Für mich ist da aber noch etwas anderes dabei, nämlich der Versuch, ein gesellschaftliches Modell herzustellen. Das Modell besteht allerdings aus Personen. Diese Personen sind erfunden, sind zusammengelaufen aus vielen persönlichen Eindrücken, die ich hatte. Und insofern ist der Vorgang des Erfindens eigentlich ein Erinnerungsvorgang.

Mit diesen Personen versuche ich ein Bild der Gesellschaft zu geben. Das heißt: durch die Personen, durch das, was ihnen so passiert ist und passieren kann, und was die Gesellschaft ihnen für Mittel gegeben hat, um diesen Ereignissen zu widerstehen. Daraus entsteht dann eine Geschichte der Personen, und, so hoffe ich, auch eine Geschichte der Gesellschaft.

Ich sage: Geschichte. Damit meine ich nicht: Fabel. Das halte ich für ein gewaltsames Arrangement, das vor zwei Jahrhunderten vielleicht notwendig war, das ich aber nicht mehr für durchaus angebracht halte. Denn es kommt nicht darauf an, daß irgendwelche sensationellen, aufregenden oder sonstwie emotional-feuchten Erlebnisse groß vorgetragen werden, sondern es kommt darauf an, Personen, ihre

Veränderungen und ihre Geschichte zu zeigen. Was dabei herauskommen könnte im Fall dreier oder vierer oder im Fall von 17 Personen, wäre das Bild einer Gesellschaft, das Bild von Entscheidungszwängen, Entscheidungsmechanismen, das wäre persönliches Leben von außen und innen verändert.«

Uwe Johnson, Interview-Antwort[47]

Die Gestaltung der Wirklichkeit im Werk Uwe Johnsons vollzieht sich nicht zufällig, sondern orientiert sich an bestimmten Prinzipien, die der Autor in seinen Romanen nicht nur künstlerisch verwirklicht, sondern zugleich poetologisch reflektiert. Wenngleich die explizit theoretischen Texte im Werkkontext die Ausnahme bilden, werden in den Selbstaussagen, mit denen Johnson im Laufe seines Lebens an die Öffentlichkeit getreten ist, dennoch die zentralen Gedanken deutlich, die seine Arbeit als Schriftsteller leiten. Es ist die Auseinandersetzung mit den gesellschaftlichen Rahmenbedingungen seiner Zeit, welche seinem Schreiben zugrunde liegt. Die deutsche Teilung und deren Konsequenzen – »der Unterschied, die Grenze, die Entfernung« – werden für Johnson zur prägenden Erfahrung in Hinblick auf sein künstlerisches Selbstverständnis. Schon früh – dies belegt bereits der erste Roman *Ingrid Babendererde* – findet Johnson zu einer sehr eigenen Darstellung, die sich grundsätzlich von den Prinzipien des »sozialistischen Realismus« abgrenzt. Johnsons Gestalten sind keine positiven Helden; aus der geschilderten Entwicklung läßt sich keineswegs eine fortschrittliche Perspektive ableiten, die der Forderung nach einer politisch beispielhaften Handlungsweise gerecht würde. Und doch, so wenig die beiden ersten, noch in der DDR entstandenen Romane Johnsons auch der dort herrschenden Norm entsprechen mögen – man wird bei näherer Betrachtung nicht umhinkönnen, sie dennoch als Resultate einer sehr bewußten Auseinandersetzung des jungen Autors mit ihr zu lesen. Das besondere Augenmerk Johnsons für gesellschaftliche Problematiken, für die Verstrickung des individuellen Lebenswegs in die politischen Verhältnisse der Zeitläufte ist unübersehbar und stellt – ex negativo – die Verbindung zu der Forderung her, daß Kunst – wie auch immer vermittelt – Eingriff in die Wirklichkeit zu sein habe.

Die Wurzeln des Johnsonschen Verständnisses eines literarischen Realismus in kritischer Absicht sind hier zu suchen, und vielleicht hat Peter Demetz recht mit seiner Feststellung, daß, »wenn es einen sozialistischen Realismus gäbe, der seinen Namen mit Recht und Würde trüge, [...] Uwe Johnson [...] einer seiner ersten Klassiker [wäre].«[48]

Johnson begreift die Fiktion tatsächlich als Ereignis, d.h. als erweiterte Wirklichkeitserfahrung. Die Vorstellung, den immer dünner werdenden Faden, der die Kunst und das Leben noch verbindet, nicht abreißen zu lassen, dürfte sich nach seinem »Umzug« nach West-Berlin noch verfestigt haben. Die erhoffte künstlerische Freiheit erwies sich nämlich bei näherem Hinsehen eben auch als definitive Einbuße jedweder Wirkungsmöglichkeit. Ebensowenig wie mit der dogmatischen Kulturpolitik der DDR waren die Vorstellungen Johnsons mit den Produktions- und Rezeptionsbedingungen im anderen Teil Deutschlands zu vereinbaren. In einer Gesellschaft, in der der Künstler seine Freiheit nur durch die Aufgabe seiner gesellschaftlichen Verantwortlichkeit erkauft, konnte ein Schriftsteller vom Selbstverständnis Uwe Johnsons kaum heimisch werden. So ist es denn die hartnäckige Uneinigkeit des Autors mit beiden gesellschaftlichen Systemen und deren Mechanismen, die seinem Werk eine innere Spannung verleiht, die es auch – oder gerade – heute noch als brisant erscheinen läßt. Seinem distanzierten Blick auf die beiden deutschen Wirklichkeiten ist zu verdanken, daß seine Romane nicht nur vertraute Seh- und Denkgewohnheiten in Frage stellen, sondern zugleich ungewohnte und unbequeme Sichtweisen eröffnen.

Johnson ist der »Dichter der beiden Deutschland« – aber er ist es in einem ganz anderen Sinne als dem, den die Literaturkritik seit Jahrzehnten fraglos unterstellt. Das Versöhnliche, das in dieser plakativen Etikettierung mitschwingt, verkennt völlig die tragische Dimension seines Werkes, seine Radikalität und Kompromißlosigkeit, welche es zur geistigen Heimatlosigkeit geradezu prädestiniert.

Das war Johnsons erste Lehre nach seiner Übersiedlung in den Berliner Westen: Man bekommt nichts geschenkt. Auch die Veröffentlichung der *Mutmassungen* bei einem renommierten westdeutschen Verlag hatte ihren Preis. Und sei es nur der, daß der unbekannte junge Autor aus dem Osten flugs kommensurabel gemacht werden sollte. Eine Formel mußte her – und ward gefunden: Gegen sie und die mit ihr verbundene Gefahr der Verharmlosung seines Schaffens mußte Johnson sich und sein Werk abgrenzen.

Indem seine Romane sich der Darstellung einer »positiven Perspektive« bewußt verweigern, stellen sie die Frage nach ihr am Ende umso eindringlicher. Gesine Cresspahls Suche nach der »moralischen Schweiz«, die Frage nach der Utopie einer besseren Gesellschaft also, darf mit einigem Recht als emblematisch für das Gesamtwerk betrachtet werden. Verantwortliches gesellschaftliches Handeln wird in allen Romanen Johnsons zum Prüfstein für die moralische Integrität der Figuren. Das dargestellte Scheitern des individuellen Lebensentwurfs ist Ausdruck eines gesellschaftlichen Ungenügens, das eine wenn auch fragwürdige »Erfüllung« nur um den Preis der Selbstaufgabe zuläßt. So scheitern nicht nur die gesellschaftlichen Außenseiter wie Gesine, Jakob oder Heinrich Cresspahl, sondern ebenso diejenigen Figuren, die sich den gesellschaftlichen Zwängen beugen: der Radrennfahrer Achim als Sinnbild des angepaßten Karrieristen, der seine wirkliche Identität auf dem langen Marsch durch die Institutionen verlor, Gesines erster Freund, Pius Pagenkopf, als Testpilot für die Sowjet-Armee und schließlich D. E. als Wissenschaftler im Dienst des US-Rüstungsdepartments.

Aus den inneren und äußeren Konflikten des Individuums mit den Gesellschaftssystemen in Ost und West entwickelt Johnson seine Romane als »Modelle von Wirklichkeit«. Es geht ihm dabei freilich nicht nur um die getreue Darstellung der gesellschaftlichen Verhältnisse, sondern um deren Erweiterung. Der Roman soll neue und kritische Perspektiven eröffnen; er soll dazu beitragen, den Blick des Lesers auf die Wirklichkeit zu verändern.

»Die Geschichte in einem Roman muß also mehr tun, als der Welt des Lesers etwas hinzufügen. Sie muß sie erweitern, zwar auch durch Neuigkeit, gründlich aber durch Erfahrung, die der Leser aus Mangel an Zeit oder Erlaubnis bisher versäumte, so daß er wählen kann, ob er sie probieren will oder vermeiden. Das wäre was Neues.« (VPR, 32)

Bereits *Ingrid Babendererde* dokumentiert das Bemühen des jungen Autors, die gesellschaftliche Wirklichkeit personenbezogen von innen heraus zu entwickeln. Die angestrebte Erweiterung des Blickwinkels vollzieht sich hier zunächst paradoxerweise durch die konsequente Verengung der Erzählperspektive. Schauplatz und Figurenkonstellation bleiben von Anfang bis Ende unverändert. Das Augenmerk des Autors richtet sich von vornherein auf die innere Entwicklung der Figuren, welche schließlich die entscheidende – äußerliche – Veränderung bewirkt.

Vor dem Hintergrund der Auseinandersetzung um die Aktivitäten der Jungen Gemeinde werden die Protagonisten gezwungen, Stellung zu beziehen. Ihre Freundschaft wird auf eine harte Probe gestellt, denn der Konflikt macht die krasse Gegensätzlichkeit der politischen Einschätzungen deutlich. Während für Ingrid und Klaus die staatlich verordnete Kampagne der Denunziation als Schlüsselerlebnis den Prozeß der Distanzierung zu »ihrem« Staat in Gang setzt, hält Jürgen trotz eigener Zweifel an seiner Überzeugung fest, daß der Sozialismus veränderbar sei. Die Option ›Gehen oder Bleiben‹ wird hier, wie in allen späteren Romanen Johnsons, in ihrer Aussichtslosigkeit dargestellt.

Die abenteuerliche Flucht Ingrids und Klaus' in den Westen stellt keinen emphatischen Höhepunkt des Romangeschehens dar, sondern ist von Zweifeln und Unsicherheit begleitet; das leidenschaftslose Pflichtgefühl, das Jürgen Petersen zum Dableiben bewegt, macht ihn zu der eigentlich melancholischen Figur des Romans. Der Leser weiß, daß seine Hoffnungen auf die Verbesserung der gesellschaftlichen Verhältnisse scheitern werden. Jene gleichermaßen von Toleranz und Verantwortung geprägte Gesellschaft, die Ingrid in einer öffentlichen Rede in ihrer Schule anvisiert, war – so scheint es – bereits dem jungen Uwe Johnson fragwürdig. Der hartnäckige Appell der Protagonisten an die Verfassung der DDR, an das »geschriebene Wort«, verhallt unbeantwortet und macht das Auseinanderfallen von Theorie und gesellschaftlicher Praxis überdeutlich.

Vor dem Hintergrund der Verstrickung des jungen Uwe Johnson in die Vorgänge, die er in diesem Roman beschreibt

– er selbst sollte als junger Student in Leipzig durch eine öffentliche Rede zur Denunziation der Jungen Gemeinde beitragen – tritt die künstlerische Leistung des Romans umso deutlicher zutage. Trotz literarischer Schwächen, insbesondere einer stellenweisen Überdeutlichkeit des Ausdrucks, genügt er dem Eigenanspruch des Autors auf Herstellung eines »gesellschaftlichen Modells« in jeder Hinsicht.

Durch die inneren Konflikte der Gestalten hindurch vermittelt sich dem Leser ein differenziertes Bild der DDR-Gesellschaft der frühen fünfziger Jahre. Wenngleich die dargestellten Figuren, insbesondere Klaus und Jürgen, eine durchaus repräsentative Funktion innehaben, erliegen sie zu keinem Zeitpunkt der Gefahr der Typisierung. In *Ingrid Babendererde* gestaltet Johnson tatsächlich lebendige Charaktere, die zu überzeugen vermögen, da ihnen jener Rest an Unkalkulierbarkeit innewohnt, den die Figuren seiner späteren Romane weitgehend einbüßen. Die Entscheidung Ingrids und Klaus' zur Flucht scheint nicht von vornherein festzustehen, sondern hat durchaus einen Überraschungseffekt. Die gesellschaftliche Wirklichkeit mit ihren »Entscheidungszwängen und -mechanismen« erscheint hier tatsächlich in einer Vielschichtigkeit und Widersprüchlichkeit, die Johnsons spätere Romane zugunsten einer durch und durch statischen, einheitlich negativen Perspektive zunehmend verlieren.

Vergleicht man beispielsweise die Figur Ingrids mit der Gesine Cresspahls, so fällt auf, daß Gesine sich im Gegensatz zu Ingrid nicht wirklich verändert. Die vermeintliche »Entwicklung«, die sie im Verlauf der *Jahrestage* durchmacht, wird bei näherer Betrachtung lediglich als nachträgliche Bekräftigung bereits vorhandener Überzeugungen deutlich. Gesines Blick auf die Wirklichkeit ist, ihrer depressiven Grundstimmung gemäß, konsequent negativ, und alles Material, das der Autor für sie zusammenträgt, dient einzig der Bestätigung des perennierenden Unheils, das sie überall wahrnimmt.

Wohlgemerkt: Die *Jahrestage* besitzen andere Qualitäten, von denen bereits die Rede war und auf die in anderen Zusammenhängen noch einzugehen sein wird – die permanente Konfrontation der Wirklichkeit mit ihrem Ideal aus dem Blickwinkel *einer* Person bleibt jedoch – zum obersten Stilprinzip erhoben – problematisch. Ein moralischer Anspruch an die Wirklichkeit als abstrakte Erzählperspektive vermag künstlerisch nicht in jeder Hinsicht zu überzeugen, insofern die Ambivalenz der Erfahrung zugunsten von Vereinheitlichung aufgehoben wird.

Ein kurzer Prosatext indes, der in den frühen siebziger Jahren während der Arbeit an den *Jahrestagen* entstanden ist, illustriert die gelungene Durchdringung der Wirklichkeit anhand von Biographie. In dem *Versuch, einen Vater zu finden*, rekonstruiert Johnson die Jugendjahre Heinrich Cresspahls. Ähnlich wie bei der Annäherung an Ingeborg Bachmann, vollzieht sich die Suche Gesines nach dem Vater auch hier maßgeblich in der Auseinandersetzung mit den historischen Ereignissen, die seinen Lebensweg geprägt haben. Anders als im Falle der berühmten Schriftstellerin, kann hier jedoch nicht auf Selbstaussagen zurückgegriffen werden, denn die Jugend des Tischlermeisters Heinrich Cresspahl ist, wie die gesamten Lebensumstände seiner Klasse, undokumentiert. Geboren 1888 als Sohn eines Stellmachers auf einem Rittergut im Mecklenburgischen, verlebt Gesines Vater eine Jugend, die ihn fraglos zum Diener der Herrschaft prädestiniert. Auszüge aus der damals gültigen Gesindeordnung machen drastisch die menschenverachtenden Bedingungen deutlich, unter denen sich das Leben des unfreien Teils der Landbevölkerung bis in unser Jahrhundert hinein vollzog.

Die Kindheit des Vaters bleibt für Gesine dunkel; sie ist nicht faktisch rekonstruierbar, sondern muß anhand zusammengetragenen Materials neu entworfen werden. Das bereits aus anderen Romanen vertraute Verfahren Johnsons, undokumentierte Wirklichkeitsschichten durch die Montage von Zeitzeugnissen neu zu »erfinden«, erweist sich im *Versuch, einen Vater zu finden* als wirkungsvolles Prinzip der Wirklichkeitsdurchdringung.

Aus dem widersprüchlichen Nebeneinander von historischen Eckdaten, landes- und volkskundlichen Informationen und Sprichworten entwickelt sich am Ende tatsächlich eine Vorstellung von den äußeren Umständen einer »Kindheit auf dem Lande« um die Jahrhundertwende. Daß hierbei kein »anschauliches Bild« entstehen kann, liegt in der Natur der Sache, denn die Kindheit des Heinrich Cresspahl war Verhinderung. Das karge Leben, die bedingungslose Frömmigkeit der Landbevölkerung, die Unterdrückung und die Unterwürfigkeit sind nirgends beschrieben, sie können nur durch die kritische Lektüre der Zeitzeugnisse der herrschenden Klasse indirekt erkennbar werden.

Die Aneignung der Vergangenheit vollzieht sich für Gesine also notwendigerweise dadurch, daß »die Geschichte gegen den Strich gebürstet wird«.[49] Erst im Fokus scheinbar unzusammengehöriger Wirklichkeitsschichten werden die Konturen des gesuchten Vaters sichtbar. Daß diese sich nicht zum fertigen Bild fügen, obliegt den Umständen seiner äußeren Existenz. Die Geschichte, wie sie Heinrich Cresspahl stellvertretend für die jungen Männer seiner Generation und Herkunft erfährt, folgt Mechanismen, die den Betroffenen undurchschaubar bleiben müssen, solange die Gesellschaft ihnen jenes Instrumentarium verweigert, das ihnen ein Begreifen – und Verändern – erst ermöglichte.

Wie Johnson den gnadenlosen Marsch der Geschichte über ihre Opfer hinweg am Ende der Erzählung augenscheinlich macht, ist ein Glanzstück kritischer, realistischer Erzählkunst und ist zugleich Geschichtsschreibung im besten Sinne des Wortes:

»Er [Heinrich Cresspahl] war mit dem fast einig, da genügte ein Attentat in Sarajevo, das Warten war vorbei. Russland wünschte die Aufteilung der Türkei zu seinen Gunsten, wollte auch mehr das Sagen haben auf dem Balkan; Frankreich gedachte sich Elsass-Lothringen zurückzuholen, auch in Afrika etwas zu gewinnen; Grossbritannien benötigte das Sagen auf den Weltmeeren für sich allein, konnte die deutschen Kolonien gut brauchen, auch paar Stücke Türkei; Österreich hoffte zuversichtlich auf russischen Boden und darauf, das Sagen zu bekommen auf dem Balkan; Willy Zwo bedurfte all dessen auch, sowie des deutschen Sagens in Europa, weiterhin des Kanoniers Heinrich Cresspahl an der Barbarastrasse in Güstrow.« (VV, 33)

In der Leidenschaftslosigkeit der Aufzählung gelingt Johnson die Verdichtung der historischen Erfahrung aus der Perspektive der Opfer. Das Exemplarische des individuellen Lebensweges, seine Abhängigkeit von gesellschaftlichen und politischen Zwängen, erscheint als tragische Verstricktheit, die die Hoffnung auf Veränderung kaum zu beflügeln vermag.

Die zitierte Passage macht einen Blickwinkel bewußt, unter dem sich eine kritische Aneignung von Geschichte dennoch sinnvoll vollziehen kann. Die Widerstände, die der aus der Perspektive der »Sieger« überlieferte historische Verlauf einer solchen Sichtweise entgegensetzt, werden in der ästhetischen Durchdringung des Materials überwunden. Die gestaltete Wirklichkeit tritt als Modell in ein unabhängiges Verhältnis zu der sie hervorbringenden realen Wirklichkeit.

»Den Wirklichkeitsdruck verstärken«

»Realistisches Schreiben wäre die Gegenbewegung, also der Versuch, der Welt die konventionelle Bekanntheit zu nehmen und etwas von ihrer ursprünglichen Dichte zurückzugewinnen, den Wirklichkeitsdruck wieder zu verstärken, anstatt von ihm zu entlasten.
Dieter Wellershof, *Wiederherstellung der Fremdheit*[50]

Wenngleich Johnson sich bewußt war, daß der Roman »keine politische Waffe« ist und demzufolge auch keine »unmittelbare politische Wirkung« hervorzubringen vermag (VPR, 35), so ist die kritische Haltung und Intention seiner Prosa dennoch unverkennbar. Sie zielt nicht auf die Herstellung einer einheitlichen Perspektive, aus der heraus die Totalität des historischen Verlaufs ins Auge gefaßt und geordnet werden kann, sondern realisiert sich im steten In-Frage-Stellen vermeintlich selbstverständlicher Einschätzungen. Es liegt Johnson fern, sich mit einmal gewonnenen, d.h. erschriebenen Erkenntnissen zufriedenzugeben. Seinen Romanen ist gemeinsam, daß sie eher Fragen aufwerfen denn Antworten liefern. Eine praktikable politische Wahrheit, wie sie noch Brecht im Angesicht der Bedrohung durch den Faschismus mit seiner Vorstellung eines kritischen Realismus anvisierte, stellen Johnsons Romane nicht mehr bereit. Spezifische Überzeugungen oder gar die Parteinahme für bestimmte politische Kräfte sind aus ihnen unmöglich herauszulesen. Die Literatur ist für ihn nicht ein Behältnis für die Einschätzungen und Meinungen des Schriftstellers, sondern sie ermutigt durch ihre ästhetische Suggestionskraft zum eigenen Denken. Der Leser mag Schlußfolgerungen ziehen, er mag »diese Version von Wirklichkeit« mit seinen eigenen Lebensumständen vergleichen – im Idealfall wäre seine Wahrnehmung für die Bedingungen seiner eigenen Existenz in der Gesellschaft durch die Lektüre geschärft.

Die Wirkung, die Johnson sich für seine Romane erhofft, bezieht sich also niemals auf eine größere gesellschaftliche Gruppe, sie zielt nicht auf Konsolidierung und Konsens, sondern meint einzig und allein den individuellen Leser, der durch seine aufmerksame Lektüre das Romangeschehen für sich fruchtbar zu machen versteht.

Die Sichtweise, die all seine Romane nahelegen, ist unbequem, ja, unerwünscht und sogar gefährlich, da gesellschaftlich inkommensurabel. Die vorgeführte Aneignung der Wirklichkeit in kritischer Absicht, wie sie Johnsons Figuren repräsentieren, unterläuft den gesellschaftlichen Common sense. Den strahlenden Helden, der am Ende allen Widrigkeiten zum Trotz die Oberhand behält und dem Leser als bequemes Identifikationsmodell zur Verfügung steht, sucht man in *Ingrid Babendererde* ebenso wie in den *Mutmassungen* und den *Jahrestagen* vergeblich. Thema aller Romane ist der Konflikt des Individuums mit der Gesellschaft, das Auseinanderfallen von persönlicher Biographie und tradiertem Geschichtsverlauf. Keinem der Johnsonschen Protagonisten gelingt es, diesen Antagonismus zu überwinden. Ihr moralischer Rigorismus erweist sich als unvereinbar mit der gesellschaftlichen Praxis, die, gemessen an ihrem Ideal, nur als Versagen aufgefaßt werden kann.

Ingrid und Klaus entwickeln sich ebenso wie Jakob Abs im Verlauf der Handlung von überzeugten und engagierten Mitgliedern der sozialistischen Gesellschaft zu deren Kritikern, während Gesine von vornherein als gesellschaftliche Außenseiterin in Erscheinung tritt: Die Auseinandersetzung mit dem Staat DDR liegt bereits hinter ihr, und wenngleich sie auch die Hoffnung auf eine »bessere Gesellschaft« immer noch nicht aufgegeben hat, ist die zu Beginn der *Jahrestage* vierunddreißigjährige Gesine naturgemäß selbst in ihrer Enttäuschung abgeklärter als die hochfahrenden Gymnasiasten Ingrid und Klaus. Alle dargestellten Figuren unterliegen am Ende jenen gesellschaftlichen Mechanismen, die sie zwar durchschauen, aber nicht verändern können. Jakob kommt unter mysteriösen Umständen ums Leben, Ingrid und Klaus flüchten in den Westen, dessen moralische Statur – so steht zu vermuten – sie nicht weniger enttäuschen wird als diejenige der DDR, und Gesine schließlich wird bei dem Versuch, für ihre amerikanische Bank ein Geldgeschäft in Prag einzufädeln, vom Einmarsch der Truppen des Warschauer Pakts überrascht.

Das Scheitern der Protagonisten vollzieht sich vor dem Hintergrund ihrer inneren Entwicklung folgerichtig. Es gibt für sie in der Tat keinen Ausweg. Da der Kompromiß ihnen unmöglich ist, bleibt das Leben in Widersprüchen ihre einzige Möglichkeit.

Erst der Leser mag sich in Abgrenzung zur Hoffnungslosigkeit des geschilderten Verlaufes motiviert fühlen, Alternativen zu ersinnen, andere als die geschilderten Lebensentwürfe herzustellen. Es ist der ungelöste – und unlösbare – Konflikt zwischen Individuum und Gesellschaft, der die ästhetische Offenheit von Johnsons Romanen bedingt. Die Brisanz der dargestellten Erfahrung, verbunden mit der Weigerung des Autors, sie erklär- und damit verstehbar zu machen, entlastet den Leser nicht vom eigenen Nachdenken, sondern verstärkt jenen »Wirklichkeitsdruck«, der heute – unter veränderten Vorzeichen – so dringlich ist wie seinerzeit. Wenngleich wir die interessante Frage, was nämlich die Lektüre im Kopf jedes einzelnen ihrer Leser bewirkt, niemals werden beantworten können, gibt die dokumentierte Rezeption der Johnsonschen Romane in der bundesdeutschen Öffentlichkeit doch einige aufschlußreiche Hinweise bezüglich der Sprengkraft ihres kritischen Potentials.

Anders als andere Schriftsteller seiner Generation, mit denen er bezeichnenderweise immer nur unter gewissem Vorbehalt in einem Atemzug genannt wird, hat Johnson die westdeutsche Öffentlichkeit von Anfang an zugleich fasziniert wie auch massiv irritiert und provoziert. Seine *Mutmassungen über Jakob* stießen in ihrem Erscheinungsjahr 1959 ob ihrer ästhetischen Qualität zwar einhellig auf Zustimmung, doch hätte sich mancher Kritiker eine dezidierte Position, sprich eine massivere Kritik an den Verhältnissen im anderen Deutschland von dem jungen Autor aus der DDR durchaus gewünscht. Die öffentliche Diskussion um das Werk Uwe Johnsons entzündete sich von Anfang an am durchaus widersprüchlichen Nebeneinander von ästhetischen und politischen Kriterien der Bewertung. Johnsons abwägende und zutiefst unentschiedene Position zwischen den gesellschaftlichen Systemen verunsicherte das bundesdeutsche Publikum in einer Zeit, in der weder die Teilung noch deren Ursachen ernsthaft Gegenstand der öffentlichen Diskussion waren. Der Alleinvertretungsanspruch der Bundesrepublik für das gesamte deutsche Volk betrachtete die kleinere DDR eher als üble Laune der Geschichte denn als ernstzunehmenden Gegner: die DDR, ein weißer Fleck auf der Landkarte.

In einer Gesellschaft also, in der das Bemühen um die Integration der Bundesrepublik in das westliche Bündnissystem nicht zuletzt auch die bedingungslose Apotheose des amerikanischen Way of life vorangetrieben hatte, ist der überzeugte Sozialist Jakob Abs als Charakter zweifellos auf enorme innere Widerstände, ja, auf Unverständnis gestoßen. In der Wirtschaftswundergesellschaft der fünfziger Jahre muß jenes gesellschaftliche Engagement, das alle Johnsonschen Protagonisten verbindet, geradezu grotesk gewirkt haben. Daß ein bundesdeutscher Eisenbahnbediensteter die gesellschaftliche Relevanz seiner Arbeit reflektierte, erscheint in diesem Zusammenhang ebenso unwahrscheinlich wie die Vorstellung, ein Bürger der Bundesrepublik könne – von Ausnahmen abgesehen – aus moralischen Gründen die Übersiedlung in die DDR ernsthaft in Erwägung gezogen haben.

Kurzum, bei den *Mutmassungen über Jakob* handelt es sich vielleicht um den ersten ernstzunehmenden Roman überhaupt, der dem bundesdeutschen Publikum ein Bild von der alltäglichen Wirklichkeit in der DDR einschließlich der Denkstrukturen, Motivationen und Handlungszwänge seiner Bevölkerung vermittelt hat. Die durch das Erscheinen in der Bundesrepublik vorprogrammierte Konfrontation ostwestlicher Moralvorstellungen verschärfte das kritische Potential des Romans, der ja – dies darf nicht vergessen werden – als DDR-Roman für das dortige Publikum geschrieben worden war. Daß er zuerst in der Bundesrepublik erschien, erhöhte seine politische Brisanz. Die verdrängte Wunde der deutschen Teilung wurde durch diesen Roman schlagartig ins Bewußtsein der westdeutschen Öffentlichkeit gerückt. Das Fremdartige der dargestellten Erfahrung, das beim Vergleich mit den ungefähr zeitgleich erschienenen Romanen Grass', Bölls und Koeppens auch heute noch spürbar ist, ließ die »andere deutsche Wirklichkeit« plötzlich in einem neuen Licht erscheinen.

Die Dramatik der Teilung, die in der Bundesrepublik nicht zuletzt aufgrund des explodierenden Wohlstands leichter gewogen haben muß als in der materiell benachteiligten DDR, rückt durch Johnsons Romandebüt ins Bewußtsein zumindest jenes Teils der literarischen Öffentlichkeit, der sich der Mühe unterzogen hatte, den Roman auch wirklich zu lesen. Als »Dichter der beiden Deutschland« meinte man in Uwe Johnson den Schriftsteller entdeckt zu haben, der die widersprüchlichen Wirklichkeiten in Ost- und Westdeutschland literarisch aufarbeitete, um zur Überwindung des Trennenden beizutragen.

Dies genau ist aber nicht der Fall, denn »die Entfernung, die Grenze, der Unterschied«, jene Kategorien, an denen er seine poetologischen Vorstellungen entwickelt, sind für Johnson lediglich die äußeren Manifestationen einer Entfremdung, die wesentlich tiefer liegt. Sowohl seine eigene als auch die Unentschiedenheit seiner »Helden«, ihre Unfähig- und Unwilligkeit zur Identifikation mit einer Ideologie, sind kein Zeichen von Schwäche oder Entschlußlosigkeit, sondern entspringen einem ethischen Grundkonsens, an dem gemessen die Strukturen der Wirklichkeit nicht anders denn negativ ins Auge gefaßt werden können.

Es muß nicht betont werden, daß eine solche Haltung Mißverständnisse geradezu vorprogrammierte, und so ist Johnson nicht nur in Westdeutschland immer wieder skeptisch beäugt worden. Sofort nach dem Erscheinen der *Mutmassungen* setzte auch in der DDR eine Verleumdungskampagne gegen den Schriftsteller ein, die um so absurder wirkt, als in der DDR niemand seinen Roman kennen konnte. Auf einer öffentlichen Diskussionsveranstaltung in Ost-Berlin im November 1959 beschimpften die Schriftsteller Peter Hacks und Alfred Kurella Johnson als »Republikflüchtling« – ein Etikett, das zur damaligen Zeit einem Rufmord gleichkam. Damit war Johnson in der DDR endgültig zur Persona non grata degradiert. Nicht einmal seine Melville-Übersetzung des *Israel Potter* konnte fortan mit seinem Namen erscheinen.

Das westdeutsche Pendant zur ostdeutschen Rufmordkampagne ereignete sich im Jahre 1961. Der in Rom lebende deutsche Schriftsteller Hermann Kesten beschuldigte Johnson auf einer Mailänder Diskussionsveranstaltung, den Mauerbau als »gut, vernünftig und sittlich« (BU, 218) gerechtfertigt zu haben. Wie nicht anders zu erwarten, kam es vor dem Hintergrund der aufgepeitschten Stimmung angesichts des Mauerbaus zum Eklat. Unter der Führung des damaligen Außenministers Heinrich von Brentano verlangte der deutsche Bundestag ohne vorherige Prüfung der Sachlage, daß Johnson das soeben verliehene Stipendium der Villa Massimo umgehend entzogen würde. Die Presse nahm den Skandal – wie in derartigen Fällen üblich – begierig auf und tat das ihre, um das Mißtrauen gegenüber Uwe Johnson zu schüren. Erst mittels einer privaten Tonbandaufzeichnung von Johnsons italienischem Verleger Giangiacomo Feltrinelli gelang es ihm, Kestens Behauptungen definitiv zu widerlegen.[51] Wenngleich seine »Ehre« somit offiziell wiederhergestellt war, blieb dennoch ein bitterer Nachgeschmack, der Johnsons Bitterkeit verstärkt haben dürfte: Sein Werk war in keinem der beiden Deutschlands zu Hause. Das Gefühl der politischen Verantwortung, das es ihm unmöglich machte, sich »weder von der deutschen Vergangenheit noch von der deutschen Gegenwart zu dispensieren«[52], bezeichnete in beiden Teilen Deutschlands ein für einen Schriftsteller durchaus unerwünschtes Selbstverständnis.

Die »Wahrheit« über die herrschenden Verhältnisse, die angesichts der Bedrohung durch den Faschismus noch für Brecht eindeutig formulier- und darstellbar war, ist für Johnson nicht länger positiv zu bestimmen, sondern äußert sich in der eingeschlagenen Denkrichtung, die nurmehr die Unwahrheit beim Namen zu nennen vermag.

In seinem kurzen Text *Jona zum Beispiel*, einer Nachdichtung des alttestamentarischen Buches Jona, die mit einigem Recht als Allegorie auf die Rolle des Intellektuellen bzw. Schriftstellers in der Gesellschaft gelesen werden darf, bleibt das Schicksal Jonas nach dem Bruch mit der Autorität zutiefst ungewiß[53]: »Und Jona blieb sitzen im Angesicht der sündigen Stadt Ninive und wartete auf ihren Untergang länger als vierzig mal vierzig Tage? Und Jona ging aus dem Leben in den Tod, der ihm lieber war? Und Jona stand auf und führte ein Leben in Ninive? Wer weiß.« (JB, 315)

Johnsons Realismus und die Tradition

> »Der Realismus in der Kunst ist so alt als die Kunst selbst, ja noch mehr: er ist die Kunst.«
> Theodor Fontane,
> *Unsere lyrische und epische Poesie seit 1848*[54]

Die Hinwendung von idealisierten Formen künstlerischer Darstellung zur realistischen Aneignung der Wirklichkeit vollzieht sich – betrachtet man die Geschichte der Kunst unter dieser Perspektive – häufig in Krisenzeiten. In dem Moment, in dem die herrschenden Normen und Werte an Kraft und Gültigkeit verlieren, beginnt in der Kunst die Suche nach neuen Formen der Selbstvergewisserung, die sich oft in der bewußten Auseinandersetzung mit den bislang nicht darstellungswürdigen, alltäglichen Bereichen des menschlichen Lebens vollzieht.[55]

Begreift man den Realismus in der Kunst also als epochenübergreifendes Darstellungsprinzip und nicht lediglich als Epochenbegriff, so wird rasch deutlich, daß es eine – ich formuliere bewußt vage – eher realistisch orientierte Kunst zu fast allen Zeiten gegeben hat und es sich hierbei keineswegs nur – wie etwa im Naturalismus – um die schlichte Nachahmung der Wirklichkeit handelt, sondern vielmehr um die Zuspitzung aller Wahrnehmung auf den als wesentlich erkannten Kern der Dinge. Der Anspruch des realistischen Kunstwerks, seinem Publikum die Wirklichkeit begreifbar zu machen, verpflichtet es auf eine kritische und unabhängige Grundhaltung.

Durch Aufklärung über die bestehenden gesellschaftlichen Strukturen setzt realistische Kunst den Prozeß der Bewußtwerdung in Gang und trägt darüber hinaus dazu bei, Modelle künftiger Selbstverwirklichung bereitzustellen. Im Gegensatz zu idealisierten Formen der Kunst geht es nicht um den Austritt aus einer als prosaisch empfundenen Wirklichkeit in die höheren Sphären des Geistigen, sondern um die Aufwertung des Alltags und seiner namenlosen Protagonisten.

Während der Realismus bis ins 19. Jahrhundert hinein in der Tat maßgeblich in seiner sozialkritischen Funktion wahrgenommen wurde[56], hat die sogenannte »Expressionismus-Debatte« der dreißiger Jahre – trotz Brechts Plädoyer für freie Formen realistischer Kunst – zur weitgehenden Diskreditierung des ästhetischen Realismus in der westlichen Welt beigetragen. Ein realistisches Kunstverständnis wird seither unwillkürlich mit Lukács' Vorstellung von einem »sozialistischen Realismus«, den die kommunistisch regierten Länder zur Staatsdoktrin erhoben, assoziiert. Darüber hinaus wird der literarische Realismus in der Literaturwissenschaft fast ausschließlich als Epochenbegriff für den Zeitraum von 1840 bis 1880 verwendet.

Die vordergründige Option Avantgarde versus (sozialistischer) Realismus hat fälschlicherweise lange Zeit den Eindruck erweckt, als sei die Staatskunst der ehemals sozialistischen Staaten der einzig legitime, wenn auch unzeitgemäße und ästhetisch minderwertige Erbe eines realistischen Kunstverständnisses, während die westliche Avantgarde mit ihren innovativen Ausdrucksmöglichkeiten den Realismus überwunden habe.

Es ist das Verdienst Brechts, bereits früh jenen umfassenden und zugleich freien Standpunkt formuliert zu haben, der dem Denken in den vermeintlichen Optionen den Wind aus den Segeln nimmt und auch heute noch den Anspruch auf Gültigkeit erheben darf.

Brecht definiert bündig: »[...] realistisch heißt: [...] das Moment der Entwicklung betonend, konkret und das Abstrahieren ermöglichend.«[57] Und er fügt hinzu: »Realismus ist auch nicht etwa gleichbedeutend mit dem Ausschalten der Phantasie und der Erfindung. Der ›Don Quichote‹ des Cervantes ist ein realistisches Werk, da er die Überholtheit des Rittertums und des ritterlichen Geistes zeigt, und doch haben niemals Ritter gegen Windmühlen gekämpft.«[58]

Weder phantastische Einkleidungen noch kafkaeske Verfremdungseffekte können für Brecht den Realismus eines Kunstwerkes wirklich gefährden. Was einzig für ihn zählt, ist der wie auch immer vermittelte Reflex des Kunstwerkes auf die es hervorbringende Wirklichkeit.

Die über diese Definition hinausgehende Forderung Brechts nach unmittelbarer politischer Wirksamkeit von Kunstwerken, wie sie sich insbesondere in seinen ästhetisch-politischen Schriften der dreißiger Jahre findet, ist Ausdruck eines Krisenbewußtseins, das die kritische Intelligenz der damaligen Zeit im Angesicht der Bedrohung durch den Faschismus zu einer Eindeutigkeit des politischen Bekenntnisses verpflichtet.

Konstitutiv für das Brechtsche Verständnis eines zeitgemäßen, kritischen Realismus ist aber nicht in erster Linie die Vorstellung der unmittelbaren politischen Wirksamkeit des Kunstwerks, sondern – allgemeiner – der moralische Appell an die Verantwortung des Schriftstellers für die Gesellschaft: »[...] ich will hier nur hervorheben, daß aus dem ›jemandem schreiben‹ ein ›schreiben‹ geworden ist. Die Wahrheit aber kann man eben nicht schreiben; man muß sie durchaus jemandem schreiben, der damit etwas anfangen kann. Die Erkenntnis der Wahrheit ist ein den Schreibern und Lesern gemeinsamer Vorgang. Um Gutes zu sagen, muß man gut hören können und Gutes hören. Die Wahrheit muß mit Berechnung gesagt und mit Berechnung gehört werden. Und es ist für uns Schreibende wichtig, wem wir sie sagen und wer sie uns sagt. [...] Nicht nur die Leute einer bestimmten Gesinnung muß man ansprechen, sondern die Leute, denen diese Gesinnung auf Grund ihrer Lage anstünde. Und eure Hörer verwandeln sich fortwährend!«[59]

Angesichts der zunehmend in Dogmatik erstarrenden Kulturlandschaft der DDR muß ein Mann wie Brecht eine besondere Anziehungskraft auf die junge, kritische Intelligenz im Staat entfaltet haben. In der zugleich engagierten und freiheitlichen Dimension seines Denkens konnten sich auch diejenigen wiederfinden, deren Vorstellungen von der offiziellen Linie der Partei abwichen. In den *Begleitumständen* schildert Johnson, wie Gedichte aus dem Nachlaß Brechts – heimlich vervielfältigt – die Runde machten und dazu beitrugen, eine – wenn auch in ihren unmittelbaren Wirkungsmöglichkeiten beschränkte – Gegenöffentlichkeit herzustellen (BU, 122).

Die aktive Aufnahme und Auseinandersetzung mit dem Gelesenen, wie sie sich hier vollzog, muß Johnson als Modell für das eigene schriftstellerische Selbstverständnis vor Augen gestanden haben. Ebenso wie für Brecht war der Leser als direkter Adressat auch für ihn eine wesentliche Größe. Schreiben ist demnach im Kontext seines Denkens kein isolierter Akt und weniger noch Selbstzweck, sondern zielt auf Vermittlung, auf gesellschaftlichen Austausch. »Ein Schriftsteller hat die Aufgabe zu schreiben. Meist wird seine Meinung von der seiner Leser abweichen. Er wendet sich an seine Leser in der Hoffnung, ihre Haltung zu den Dingen zu ändern. Das ist sein Engagement.«[60]

In Johnsons Vorstellung eines »Realismus in kritischer Funktion« verbindet sich ein unbeugsamer moralischer Rigorismus mit einer eigenwilligen Schreibweise zu jener charakteristischen Einheit, die die gängigen Schemata literarischer Klassifikation bewußt unterläuft.

Für Brecht wie für Johnson sind die politischen Umstände ihrer persönlichen Existenz maßgebend für ihr künstlerisches Selbstverständnis. Wie für Brecht der Nationalsozialismus, so wird für Johnson die deutsche Teilung als direktes Resultat des Zweiten Weltkrieges zum zentralen Thema, um das all seine Romane kreisen. Sein Erzählen beruht auf einer dezidierten Form von Narration, der Vorstellung nämlich, gegen das Vergessen anzuschreiben. Die Erzählsituation der *Jahrestage*, der zufolge Gesine sich ganz bewußt für ihre Tochter Marie erinnert – »Damit du nicht raten mußt, wie ich.« (JT II, 690) –, kann als programmatisch für das Gesamtwerk angesehen werden.

Jene ungebrochene Traditionslinie, innerhalb derer frühere Generationen das eigene Selbstverständnis noch entfalten durften, existiert für Johnsons Generation nicht mehr.

Der Nationalsozialismus und der Zweite Weltkrieg haben alle Tradition, auf die positiv sich zu berufen noch möglich wäre, zunichte gemacht. Aufgabe der Literatur ist es nun, zur gesellschaftlichen »Aufarbeitung der Vergangenheit« beizutragen, indem sie Modelle kritischer Aneignung entwirft.

Das Erinnerungsvermögen Gesines, das in den *Jahrestagen* der verschütteten Erfahrung auf die Spur zu kommen versucht, erweist sich häufig als trügerisch; die Erinnerung bedarf der Reflexion, die sie kontinuierlich auf ihre Glaubwürdigkeit hin befragt. Die Erinnerung ist für Johnson notwendig, sie allein genügt jedoch nicht, um zur angestrebten Erkenntnis der Vergangenheit zu gelangen. Anders etwa als der Ich-Erzähler in Prousts *Auf der Suche nach der verlorenen Zeit*, gibt sich Gesine ihren Erinnerungen nicht eigentlich hin, sondern sie erinnert sich sehr bewußt, denn sie hat einen Plan.

Erst im Wechselspiel von Erinnerung und Reflexion, im Aufeinanderprallen vermeintlich unzugehöriger, ja, widersprüchlicher Bewußtseinsschichten, wird es Gesine in Ansätzen möglich, jenen verborgenen Traditionsstrang freizulegen, der der Tochter als positives Modell bei der Bewältigung ihrer eigenen Wirklichkeit dienlich sein soll. Die negativen Inhalte der Erinnerung entfalten – betrachtet man sie im Kontext der angestrebten Vergangenheitsbewältigung – eine zugleich bedrückende und befreiende Wirkung.

Die Lektüre der *Jahrestage* macht deutlich, daß die befreiende Wirkung nur um den Preis der vorbehaltlosen Konfrontation mit allen erreichbaren Informationen aus der Vergangenheit zu denken ist. Anders als der klassische historische Roman gelangen die *Jahrestage* zu keinem definitiven »Bild der Geschichte«. Ihr – wenn man so will – »Resultat« sind Ausschnitte von Wirklichkeit, Teilaspekte und Bruchstücke der vergangenen Erfahrung – ein widersprüchliches Nebeneinander, das die Epoche leidenschaftslos ins Auge faßt.

Nichts, so dürfte deutlich geworden sein, liegt dem kritischen Realisten Johnson ferner als die bloße Widerspiegelung der oberflächlichen Wirklichkeitserfahrung. Das ästhetische Prinzip aller seiner Romane, die Offenlegung der verborgenen Schichten der Wirklichkeit, dient der Aufsplitterung der nur vermeintlich eindeutigen Sachlage. Bruchstücke und Teilansichten, Momentaufnahmen und fragmentarische Einsichten ersetzen das fertige Bild, welches in seiner Uneinheitlichkeit die Entwicklung und Veränderbarkeit der gesellschaftlichen Verhältnisse betont.

Der Realismus Uwe Johnsons ist elementar, gewissenhaft und im besten Sinne frei von Ideologie. Seine Romane behaupten sich in der Tradition eines kritischen Realismus, insofern sie die Entwicklungen und Lebensläufe ihrer Protagonisten nicht in ihrer Vereinzelung, sondern in ihrer gesellschaftlichen Verflochtenheit darstellen. Im Gegensatz zu engagierter Literatur minderer Qualität weiß Johnson um die Gefahr des Bekenntnishaften. Seine persönlichen Anschauungen und Einschätzungen werden niemals diskursiv entfaltet. Die Denkrichtung, die seine Romane nahelegen, erschließt sich einzig aus der erzählten Geschichte, die freilich der Auslegung durch den Leser bedarf.

Als Erzähler ist Johnson auf Zuhörer angewiesen, die seine Geschichten durch ihre eigene Lebenserfahrung bereichern. Das Freihalten der Erzählung von Erklärung ist für ihn die Voraussetzung ihrer Dauerhaftigkeit. Im Unterschied zu Brecht appelliert Johnson nicht an die Deutlichkeit der Aussage als Voraussetzung für die politische Durchschlagskraft eines Kunstwerkes, sondern stellt dessen Wirksamkeit der unkalkulierbaren individuellen Begegnung des Lesers mit ihm anheim. Der Leser soll die ihm angebotenen Positionen nicht blind übernehmen, sondern sich kritisch zu ihnen verhalten. Der Austausch zwischen dem Leser und seiner Lektüre, die angestrebte Rückführung des Kunstwerkes in die Wirklichkeit also, ist möglich, wenn es von Dingen berichtet, die die Erfahrungen des Lesers betreffen.

Johnsons Realismus ist ebenso offen wie immanent konsequent: Das Kunstwerk vermag seinen Standort in der Gesellschaft nur dann zu behaupten, wenn es die Herausforderungen der Wirklichkeit annimmt, um auf seine Weise an ihr teilzuhaben.

5. Politik und Literatur

Begleitumstände

»Wenn das wieder anfangen soll in einem sozialistischen Land:

daß ein Tod nicht von Staats wegen rechtens ist;

daß zu einem Mord ein Mörder gehört;

daß die Toten wenigstens ein Recht haben auf die Wahrheit ihres Todes;

daß die Todesfälle durch Gewalt, in der Nacht, im Geheimnis, hinter verschlossenen Türen verboten werden, und wenn nicht verhindert, verurteilt:

es könnte ja ein Sozialismus anfangen, mit einer in Kraft gesetzten Verfassung, mit der Freiheit zu reden, zu reisen, über die Verwendung der Produktionsmittel zu bestimmen, auch für den Einzelnen.

Es fehlt noch etwas. Nein, es ist nicht beantwortet: wurde der Tote getötet, und wenn ja, von wem, in wessen Auftrag, warum und wozu?

Dorogaja Marija, es könnte dennoch ein Anfang sein. Für den würde ich arbeiten, aus freien Stücken. Ich sitze hier allein am Tisch mit deinen Bildern aus der Times, allein mit der Lampe und deinem Schlafatem, der lauter ist als meine Feder, und allein mit meinem albernen Vertrauen auf dieses Jahr.

Dies habe ich dir aufgeschrieben, damit du spät genug

verstehst, was ich vielleicht in diesem Jahr anfangen werde, 35 Jahre alt, du liebe Zeit, ein letztes Mal. Damit du nicht raten mußt, wie ich.

Sincerely yours.«

Uwe Johnson, *Jahrestage*[61]

Daß Schriftsteller sich in die Zeitläufte verstricken, daß Romane ungeschrieben bleiben, Gedichte sich in Pamphlete verwandeln und umgekehrt, daß ein Werk unversehens abbricht und unter veränderten Vorzeichen wieder aufgegriffen wird – all dies sind Erfahrungen, für die die Literaturgeschichte eine Fülle von Beispielen bereithält. Die Vorstellung vom einsamen Genius, der unbeirrt von Äußerlichkeiten sein Werk hervorbringt, dürfte nur in den seltensten Fällen die rechte Anschauung von den Bedingungen künstlerischer Produktion vermitteln.

Vielmehr gilt auch für die Kunst – und hier insbesondere für die Literatur –, was Hegel einmal von der Philosophie gesagt hat, daß sie nämlich ihre Zeit in Gedanken erfasse. Ersetzt man den Gedanken durch die ästhetische Form, so gewinnt man eine Vorstellung von der historischen Dimension jeder Literatur. Es sind neben dem individuellen Ausdrucksvermögen eben vor allem die gesellschaftlichen Rahmenbedingungen, die das Entstehen eines Kunstwerkes begünstigen oder verhindern, in jedem Falle aber ihm eine bestimmte Richtung geben.

Sowohl die Kunst- als auch die Literaturgeschichte belegen nun, daß sich in der Retrospektive immer diejenigen Kunstwerke als die bedeutendsten erweisen, die ihre eigene Bedingtheit – bewußt oder unbewußt – auch widerspiegeln. Die vielbeschworene Freiheit des Künstlers ist also keine grundsätzliche, sondern beschränkt sich letztendlich auf die Art und Weise, wie im Werk seine Zeit ästhetisch zu durchdringen vermag.

Uwe Johnson war – der Gang unserer Überlegungen hat es deutlich gemacht – ein überaus aufmerksamer Beobachter, der sich bewußt als Zeitgenosse verstand und seine Zeitgenossenschaft als Verpflichtung begriff. Die gesellschaftlich-politischen Umstände seiner Epoche fließen nicht zufällig in seine Romane ein, sie sind – noch in der Verfremdung – ihr ausgesprochener Gegenstand.

Johnsons Prosa ist gedanklich bereits formuliert, bevor sie zur Niederschrift gelangt. Dem Prozeß des Schreibens geht mithin die Anschauung voraus, der die Darstellung zur Evidenz verhelfen soll. Daß Romane Ideen zum Gegenstand haben, ist heute – anders als in früheren Epochen – eher die Ausnahme denn die Regel. Es ist die kaum abweisbare Einsicht in die grundsätzliche Fragwürdigkeit der Idee, die das Gros der Schriftsteller auf Abstand hält. Wenn ein Autor wie Uwe Johnson nun die Auseinandersetzung mit der Idee der sozialistischen Gesellschaft ins Zentrum seines Werkes stellt, so ist davon auszugehen, daß dies Ausdruck einer inneren Notwendigkeit ist: In der Idee der sozialistischen Gesellschaft fallen Ideal und Wirklichkeit jener Epoche zusammen, deren Darstellung sich Johnson verschrieben hat.

In seinen Frankfurter Vorlesungen rückt Johnson wie kaum ein anderer seiner Schriftstellerkollegen tatsächlich die *Begleitumstände* seiner schriftstellerischen Arbeit ins Zentrum des Berichtes. Weder entfaltet er eine ausdrückliche Poetologie des eigenen Schreibens, noch erhellt er den Horizont seiner vorliegenden Romane durch Erklärungen. Seiner eingestandenen Vorliebe für das Konkrete folgend, handeln die *Begleitumstände* fast ausschließlich von den äußeren Bedingungen, unter denen sich die Genesis seines Werks vollzieht.

Die Informationen über den Beruf des Schriftstellers, die Johnson seiner Frankfurter Zuhörerschaft in dem für ihn typischen leicht unterkühlten Tonfall liefert, fesseln und überzeugen, da sie die künstlerischen Produktionsbedingungen aus einer völlig ungewohnten Perspektive beleuchten. Nicht vom Innen ist hier die Rede, sondern allein vom Außen. In ihrer betont materialistischen Sichtweise stellen die *Begleitumstände* einen wichtigen Beitrag zur Entmystifizierung des Berufes dar.

Für unseren Zusammenhang von besonderem Interesse sind die ersten drei Vorlesungen, in denen Johnson das dem westdeutschen Leser einigermaßen fremde geistige Klima in der DDR der fünfziger Jahre beschreibt. Wer nach den Wurzeln des Johnsonschen Selbstverständnisses sucht, wird hier fündig: die »geradezu parteiische Aufmerksamkeit für das, was man vorzeigen, nachweisen, erzählen kann« (BU, 23), die Idiosynkrasie gegenüber der vorsätzlichen Verfälschung von Tatsachen, Literatur als ein Weg der Wahrheitsfindung – die Grundkonstanten des Johnsonschen Denkens entwickeln sich, darüber besteht kein Zweifel, in der kritischen Auseinandersetzung mit dieser DDR-Gesellschaft. Was er damals, als junger Mann, in seinem alltäglichen Leben als Oberschüler in Güstrow und später als Student in Rostock und Leipzig erfahren hatte, wird ihn bis zu seinem Tode nicht mehr loslassen. Die maßlose Enttäuschung darüber, daß der Staat DDR sein Versprechen, nämlich für das fortschrittliche, das bessere Deutschland einzustehen, nicht eingelöst hat, prägt – unterschiedlich akzentuiert – jede Phase seines Schaffens.

Ihren eindringlichsten Ausdruck findet die Empörung über den Betrug durch den Staat, der seine jungen Menschen jene Ideale gelehrt hatte, die er selbst leichtfertig verriet, in der moralischen Anklage, die Johnson anläßlich der Denunziationskampagne gegen die Junge Gemeinde selbst ausspricht, und die er später seiner Ingrid Babendererde in den Mund legen wird. Der Vorwurf lautet, die DDR habe ihre eigene Verfassung gebrochen. In den *Begleitumständen* schildert Johnson, wie man ihn als Studentenvertreter dazu zwingen wollte, in einer öffentlichen Rede Stellung gegen die Junge Gemeinde zu beziehen:

»Zum Schluss kam der Jugendfreund aus Güstrow [d.i. Johnson] mit der Feststellung, die Hetze und die Schikanen gegen eine Religionsgemeinschaft konstituiere einen mehrfachen Bruch der Verfassung der Deutschen Demokratischen Republik, ausgeführt durch die Regierung der Deutschen Demokratischen Republik: Artikel 9 gewährleiste die Freiheit der Meinungsäußerung, Artikel 41 die Glaubensfreiheit und ungestörte Ausübung der Religion, und so fort bis zum Artikel 45. Wenn das eine Verschwörung sei, so wolle er, gerade als einstiger Org.-Leiter, da austreten.

Kein Beifall.« (BU, 66)

Der Vorwurf des Verfassungsbruches ist in mehrfacher Hinsicht von Belang. Daß Johnson nämlich sein Ideal von einem Sozialismus, der diesen Namen verdient, aufrechterhalten konnte, ist auf das Engste verknüpft mit der Tatsache, daß er niemals zu jenen gehört hat, die tatsächlich glauben, der Sozialismus sei in dem Staat DDR definitiv verwirklicht. Anders als mancher ostdeutsche Dissident, dessen enttäuschte Überzeugungen nach der radikalen Abkehr von der DDR in einen furiosen Anti-Kommunismus umschlugen, hält Johnson ebenso unbeirrt an seiner Kritik der herrschenden Verhältnisse wie an seiner Überzeugung fest, es möge eben doch möglich sein, ein sozialistisches Staatswesen nach menschlichem Maß einzurichten. Noch in den *Jahrestagen* legt Johnson Gesine diese seine Utopie in den Mund. Mit einigem Recht kann man hinter dem eingangs zitierten Bekenntnis Gesines eine Selbstaussage ihres Autors vermuten.

Johnsons Sozialismus wäre demnach als gewissenhaft und bodenständig zu klassifizieren. Frei von ideologischer Verblendung, erscheint er so, wie er einst auf das historische Parkett getreten sein muß: kraftvoll in seiner Empörung und überzeugend in seinem unerschütterlichen Glauben an die Veränderbarkeit der menschlichen Verhältnisse. Hat Johnson gezweifelt? Er hat – und das mit zunehmendem Alter immer mehr, aber er wird ebenso gewußt haben, daß es zu seiner Hoffnung keine Alternative gab und gibt. In dem Bewußtsein einer höheren Notwendigkeit so tun, als gäbe es noch Grund zur Hoffnung, auch wenn die persönliche Hoffnung langsam vergeht – so lautet Johnsons kategorischer Imperativ.

Was heute, nach dem Zusammenbruch der sozialistischen Staaten, manchem naiv anmuten mag, war jedoch – und dies darf man bei dem Versuch, die Geisteshaltung der westlichen linken Intelligenz in ihrem historischen Kontext zu begreifen, nicht vergessen – bis in die späten achtziger Jahre beinahe ein Gemeinplatz kritischer Intellektueller in der Bundesrepublik. Uwe Johnson bildet da keine Ausnahme.

In der DDR und der Bundesrepublik eine wirkliche Alternative zu sehen, blieb schlichteren Gemütern vorbehalten, während die sogenannte »Utopie des Dritten Weges« unausgesprochen überall dort zu Hause war, wo Kritik und Reformwille auf einem höheren politischen und ästhetischen Niveau diskutiert wurden.

Was Johnson dennoch von vielen seiner Schriftstellerkollegen, insbesondere innerhalb der Gruppe 47, unterschied, war seine Innensicht der deutschen Verhältnisse auf beiden Seiten der Grenze. Natürlich hatten auch namhafte Schriftstellerkollegen wie Grass oder Böll, der sich seit je auch für die Dissidenten aus den sozialistischen Ländern stark gemacht hatte, bei ihrer Kritik sowohl die westlichen wie auch die östlichen Verhältnisse im Blick – kaum jemandem jedoch, der wie Johnson aus der DDR kam und an ihr gelitten hatte, gelang in seinem Werk eine derart dezidierte und zugleich distanzierte Kritik beider Seiten. Und dies, weil er eben unbeirrt und hartnäckig, wie es seine Art gewesen sein muß, die Wirklichkeit konsequent an der Utopie gemessen hat. Dies ist die Perspektive all seiner Romane. Hier liegt ihr Vorzug und ihre Begrenzung, denn diese Perspektive ist zugleich die einzig richtige und die einzige, die auf Dauer nicht aufrechtzuerhalten ist.

In den *Jahrestagen*, die aufgrund ihres integrativen Charakters als die Summe des Johnsonschen Schaffens begriffen werden können, scheitern nicht nur die Hoffnungen der Protagonistin Gesine Cresspahl, sondern auch die ihres Autors. Im Verlauf des vierten Bandes wird zunehmend deutlich, daß die gewählte Perspektive der Befreiung dem Druck der Wirklichkeit nicht standhalten kann. Utopie und Wirklichkeit fallen immer weiter auseinander, so daß die Beschwörung der Utopie am Ende verblaßt angesichts der kruden Heimsuchung durch die tagtägliche Erfahrung, die – unbekümmert von Utopie – einer undurchschaubaren, negativen Gesetzmäßigkeit zu folgen scheint. Johnson hat dies natürlich gewußt. Das einzige, was er noch zu sagen vermochte, hat er in die letzten Sätze des Romans gelegt:

»Beim Gehen an der See gerieten wir ins Wasser. Rasselnde Kiesel um die Knöchel. Wir hielten einander an den Händen: ein Kind; ein

Mann, unterwegs an den Ort wo die Toten sind; und sie, das Kind das ich war.« (JT IV, 1891)

In diesem Bild von äußerster ästhetischer Suggestionskraft befinden wir uns nicht länger in der Sphäre des Gesellschaftlich-Politischen. Der Dichter bannt die Wirklichkeit – und seine Enttäuschung über ihren Vollzug – in einer Beschwörungsformel. Wie in allen großen Bildern der Literatur treten auch hier Leben und Tod in ein inniges Verhältnis.

So offen die *Jahrestage* in ihren einzelnen Teilen sind, so verschlossen ist ihr Ende. Es ist definitiv. Anders als in den übrigen Romanen Johnsons spürt der Leser unwillkürlich, daß er hier nicht weiterdenken kann, daß er vielmehr gemeinsam mit dem Autor an eine Grenze gestoßen ist, die dem Denken Einhalt gebietet.

Ein anderes großes Romanwerk unserer Zeit, Peter Weiss' *Ästhetik des Widerstands*, das bisweilen in einem Atemzug mit Johnsons *Jahrestagen* genannt wird, stößt am Ende an dieselbe Grenze. Auch Weiss findet für seine Enttäuschung und seine Hoffnung keinen anderen Ausdruck als die Beschwörung in einem Bild, das – stärker noch als in den *Jahrestagen* – in einem scharfen und bitteren Kontrast sowohl zum dargestellten historischen Verlauf als auch zum sprachlichen Duktus des Romans steht.[62] Die Perspektive der Befreiung – dies wird an beiden Büchern deutlich – kann im eigentlichen Sinne von den Autoren nicht mehr gedacht, d.h. aus dem dargestellten historischen Verlauf abgeleitet werden. Sie erscheint nurmehr als Bild, das an andere Ebenen des Verständnisses appelliert. Sowohl Weiss als auch Johnson wollen am Ende ihrer Romane, der dargestellten Erfahrung zum Trotz, der Hoffnung Ausdruck verleihen – einer Hoffnung allerdings, an die sie selbst nicht mehr zu glauben vermögen. Es ist diese Paradoxie, die den Schleier der Traurigkeit ausmacht, der sich wie von selbst über ihre Sätze legt, die doch die Befreiung beschwören.

Je nach Temperament und Neigung wird der Leser nun eher das Aufflackern der Hoffnung in ihnen wahrnehmen oder aber sich die tiefe Resignation zu eigen machen, die weder Johnson noch Weiss aussprechen mögen. Beide Lesarten – und andere darüber hinaus – sind möglich. Auf jener Ebene des Verständnisses, an die das ästhetische Bild appelliert, gibt es kein Richtig und kein Falsch, gibt es keine definitive Auslegung. Nur in der Freiheit des Bildes bündeln sich die Widersprüche zu einer Einheit, die sich diskursiv nicht mehr aussprechen läßt.

Durch den frühen Tod Uwe Johnsons bedingt, bilden die *Jahrestage* den Endpunkt seines Schaffens. Wenngleich bekannt ist, daß er sich nach ihrem Abschluß bereits mit neuen Plänen trug[63], ist man dennoch unwillkürlich geneigt, sein letztes Werk auch als sein Vermächtnis zu betrachten. Es fällt schwer, sich vorzustellen, was den *Jahrestagen* hätte folgen können. Die Grenze, an die der Roman am Ende stößt, ist keine willkürliche, sondern es ist eben jene, die auch dem fortschrittsorientierten, aufklärerischen Denken Einhalt gebietet, wenn es heute die Zukunft zu denken versucht.

Die Einsicht in den tatsächlichen historischen Verlauf und in die Notwendigkeit der Utopie stellen einen Antagonismus dar, aus dem sich kein philosophisches Theorem, geschweige denn eine Anweisung für die politische Praxis ableiten läßt – nicht umsonst belegen die jüngsten Tendenzen im Bereich des philosophischen und politischen Diskurses eher eine Abkehr denn eine Hinwendung zum utopischen Denken.

Nur die Kunst vermag den Widerspruch unversöhnt festzuhalten. Was also zunächst – denken wir an das letzte Bild der *Jahrestage* – als Austritt aus der Sphäre des Gesellschaftlich-Politischen erscheint, führt am Ende doch wieder mitten ins Leben zurück. Unbefriedet gilt es, den Widerspruch zwischen Glauben und Wissen, zwischen Gefühl und Verstand, zwischen persönlicher Resignation und politischer Verantwortung auszuhalten. Johnsons Werk einschließlich seiner Begleitumstände ist ein Beispiel für diesen bewußten Balanceakt.

Den Preis für ein Leben in und mit Widersprüchen nennt der Autor in den *Jahrestagen* in kaum verschlüsselter Form beim Namen. Auf die Frage Maries, ob Gesine ihr zum Studieren rate, antwortet diese:

> »Wenn du lernen möchtest, eine Sache anzusehen auf alle ihre Ecken und Kanten, und wie sie mit anderen zusammenhängt, oder auch nur einen Gedanken, damit du es gleichzeitig und auswendig verknoten und sortieren kannst in deinem Kopf. Wenn du dein Gedächtnis erziehen willst, bis es die Gewalt an sich nimmt über was du denkst und erinnerst und vergessen wünschtest. Wenn dir gelegen ist, eine Empfindlichkeit gegen Schmerz zu vermehren.« (JT IV, 1828)

Verarbeitungen

> »In der Fremde muß man genau, einfach und ohne Hoffnung reden. Vielleicht versteht es doch einer.«
> Uwe Johnson, *Eine Reise wegwohin*[64]

Von den äußeren Umständen, die sein Leben begleiten, muß Johnson sein Werk abgrenzen. Er verarbeitet seine Erfahrungen literarisch, so daß sich neue Perspektiven eines tieferen Verständnisses ergeben. Leben und Werk fügen sich aber zu keiner harmonischen Einheit, vielmehr entsteht das Werk in der bewußten Auseinandersetzung mit den persönlichen Prägungen, die es in ihrer Widersprüchlichkeit zugleich inspirieren und in Frage stellen.

Johnsons Bewußtsein als Schriftsteller ist gesellschaftlich orientiert, er verfügt jedoch nicht über ein explizites (partei)politisches Credo, das es ihm erlaubte, die darzustellende Erfahrung unter einer positiven Perspektive sinnvoll zu bündeln. Sein Blick auf die Geschichte ist der eines historischen Materialisten, dem die Perspektive des Fortschritts abhanden gekommen ist.

In all seinen Romanen identifiziert sich Johnson mit den Verlierern der Geschichte, den Opfern, die im unablässigen Kampf um Macht und Einflußnahme zwangsläufig unterliegen. Das politische Bewußtsein seiner Protagonisten ist innerlich, der einzig mögliche Ausweg aus der Innerlichkeit, die politische Praxis, bleibt ihnen aufgrund der Differenziertheit ihres moralischen Urteils verschlossen. Jede Kritik, die nicht an der Wurzel ansetzt, bleibt für ihn und seine Protagonisten unannehmbar. Kompromißbereitschaft als erste Voraussetzung von Realpolitik ist seine Sache nicht. Deutlich wird dies etwa, verfolgt man seine vernichtende Kritik an der Politik der SPD sowie seine Einschätzung der Rolle der deutschen Arbeiterbewegung und später der Studentenbewegung. In seinem Aufsatz »Über eine Haltung des Protestierens« fordert er die sogenannten »guten Leute«, gemeint sind die westdeutschen Linken, auf, »das Maul zu halten« (HP, 96). Ihre Kapitalismuskritik ist für Johnson unfundiert und bar jeglichen Realitätssinns.[65]

Die Kritik an den bestehenden Verhältnissen, die Johnsons Romane aussprechen, ist aufgrund der Abwesenheit einer eindeutigen Parteinahme ebenso unerbittlich und unbestechlich wie ausweglos. Johnson faßt die Negativität aller bestehenden sozialen Ordnungen – des real existierenden Sozialismus ebenso wie des westlichen Kapitalismus – minutiös ins Auge; graduelle Unterschiede und Überlegenheiten, die das Grundsätzliche unberührt lassen, sind für ihn kein Thema. Der Widerspruch zwischen Denken und Handeln, zwischen Theorie und Praxis, wird von den Protagonisten überall gleichermaßen schmerzhaft wahrgenommen; die dargestellten Ortswechsel zeitigen denn auch keine prinzipielle Veränderung ihrer Lebensumstände, sondern erscheinen lediglich als unterschiedliche Stadien einer modernen Odyssee, deren Ziel ungewiß bleibt.

In der im Werkkontext Uwe Johnsons zentralen Figur der Gesine Cresspahl verdichtet sich die Tragik eines »Lebens in Kenntnis«, dem der Ausweg in die Praxis verwehrt ist. Ist es ein Zufall, daß Johnson, um diese aussichtslose Perspektive ästhetisch glaubhaft zu machen, ausgerechnet eine weibliche Protagonistin wählt? Die Entscheidung eines männlichen Schriftstellers für eine weibliche Gestalt ist keineswegs selbstverständlich. Wenngleich die Geschichte der Literatur bedeutende Beispiele bereithält, in denen ein Autor den weiblichen Blickwinkel wählt, so ist diese Wahl doch zumeist das Resultat einer sehr bewußten Vorentscheidung. Flaubert wählt den Blickwinkel Emma Bovarys, um die Brüchigkeit der sozialen Ordnung aus der Sicht eines ihrer Opfer zu verdeutlichen; auch Fontanes vorsichtige Kritik am falschen Ehrenkodex der preußischen Gesellschaft gewinnt ihre Überzeugungskraft aus der Darstellung des Untergangs einer Frau. Doch im Normalfall macht sich ein/e Künstler/in den Blickwinkel des eigenen Geschlechts zu eigen – vertauscht er/sie indes die Geschlechterrollen, so ist in jedem Falle explizit zu fragen, warum dies geschieht – und darüber hinaus, ob oder bis zu welchem Grade das Verfahren der Anverwandlung als gelungen bezeichnet werden darf.

Von Uwe Johnson wissen wir, daß er bei der Konzeption eines neuen Buches gerne auf die einmal von ihm gestalteten Figuren zurückgriff, um ihren Lebensweg weiter zu verfolgen. Warum ist für sein größtes und umfangreichstes Werk die Wahl gerade auf Gesine gefallen? Andere Personen und Schauplätze hätten ihm zur Verfügung gestanden: Klaus Niebuhr, der Freund Ingrid Babendererdes, Jonas Blach, Jakobs »Gegenspieler« in den *Mutmassungen*, der Journalist Karsch aus dem *Dritten Buch über Achim* und nicht zuletzt auch D. E. als interessanter, weil widerspruchsvoller Charakter. Unter welchen Voraussetzungen seine Wahl schließlich auf Gesine gefallen ist, ist beim gegenwärtigen Stand der Forschung de facto noch nicht rekonstruierbar – es ist jedoch aufschlußreich, die bei der Analyse der *Jahrestage* gewonnenen Ergebnisse in einem unmittelbaren Zusammenhang mit der Tatsache zu betrachten, daß Gesine eben eine Frau ist.

Die Perspektive derjenigen, die Geschichte ganz bewußt erleidet, ist – so lautet unsere vorläufige These – in ihr am Vollständigsten verwirklicht. Vergleicht man ihren »Lebenskampf« mit dem der männlichen Protagonisten Uwe Johnsons, also etwa dem ihres Vaters Heinrich Cresspahl, Jakobs, Karschs oder D. E.'s, so wird rasch deutlich, daß diese sich von Gesine nicht eigentlich in der Entschiedenheit ihrer Kritik unterscheiden, sondern vielmehr dadurch, daß sie handelnd bemüht sind, dieser auch nach außen hin Ausdruck zu verleihen. Heinrich Cresspahl übernimmt immerhin nach dem Kriege vorübergehend das Amt des Bürgermeisters, Jakob ist schließlich ein überzeugter Sozialist, und auch Karsch übt als Journalist einen Beruf aus, der explizit auf Wirkung bedacht ist. Wenngleich es niemals wirklich zu der angestrebten Synthese von Denken und Handeln kommt, so erscheint in keinem der Johnsonschen Romane der Weg in die politische Praxis derart ausweglos wie gerade in den *Jahrestagen.*

Anders als die männlichen Protagonisten, die eine qualifizierte Arbeit – relativ – selbständig ausüben und damit aktiv an der Gestaltung ihres gesellschaftlichen Umfeldes teilhaben, repräsentiert Gesines Tätigkeit als Fremdsprachensekretärin einen typischen Frauenberuf. Zwar ist auch sie durch ihre Ausbildung als Dolmetscherin und durch den Besuch der Universität qualifiziert – sie ist jedoch, wie viele Frauen, als alleinerziehende Mutter gezwungen, eine Arbeit auszuüben, deren Anspruch weit unter dem Niveau ihrer Ausbildung liegt. Als Angestellte führt sie mechanisch aus, was andere von ihr verlangen, ohne an ihrer Arbeit innerlich beteiligt zu sein. Die Loyalität zu »ihrer« Bank, die darüber hinaus von ihr gefordert wird, erscheint als perfider Eingriff in ihre Privatsphäre, die noch über das eigentliche Arbeitsverhältnis hinaus von diesem affiziert wird.

Während sich Gesines äußeres Leben kaum von dem ihrer Kolleginnen unterscheidet, verfügt sie indes über ein ausgeprägtes Reflexionsvermögen, das sie aus der Gemeinschaft von vornherein ausschließt. Gesine ist sich der Mechanismen, die ihr Leben – und nicht nur das ihre – kontrollieren, vollauf bewußt, ohne sich deren Gewalt freilich entziehen zu können. Den Konflikt zwischen innerem und äußerem Leben erfährt sie als tägliche Verhinderung, als zermürbenden Kampf um ein Minimum an Selbstverwirklichung. Gefangen in einer Rolle, die sie spielt, ohne sie auszufüllen, ist die intensive Beschäftigung mit sich selbst und der eigenen Geschichte der einzige Weg, die zunehmende Resignation einzugrenzen.

Der Blick auf den Gang der Geschichte, wie ihn die *Jahres-*

tage nahelegen, ist der spezifische Blick Gesines. Ihr bewußtes Aushalten der Widersprüche, der dem männlichen Trieb zum Handeln entgegengesetzt wird, stellt Johnson als einzig angemessenen Standort inmitten einer von blinder Handlungswut verwüsteten Welt dar. Das Erschrecken, mit dem Gesine die tagtägliche Verrohung des öffentlichen Lebens registriert, ist so unverfälscht, so unkorrumpiert von gezielten Interessen, wie es nur die Gefühle und Gedanken von Angehörigen gesellschaftlich unterlegener Gruppen sein können.

Während etwa D. E. oder auch Gesines erster Freund Pius Pagenkopf, zwei Gestalten, die ihr wesensmäßig durchaus nahestehen, ihre Sensibilität und ihr Wissen unterdrücken und – das Vergessen suchend – ihre Fähigkeiten in den Dienst der Mächtigen stellen, verbleibt Gesine bewußt in der Defensive. Selbst ihren Aufstieg in der Bank registriert sie – anders als ein Mann dies vermutlich tun würde – in all seiner Ambivalenz. Ihre gewachsene Verantwortung hat keineswegs eine Veränderung ihrer Standpunkte zur Folge, sie nutzt die Gelegenheit vielmehr dazu, die neuen beruflichen Aufgaben nach Maßgabe ihrer eigenen Ideale zu füllen. Für die Bank soll Gesine lediglich ein lukratives Geldgeschäft in Prag einfädeln – sie jedoch betrachtet die ihr zugedachte Aufgabe in einem unmittelbaren Zusammenhang mit den Demokratisierungsbestrebungen in der CSSR, in die sie all ihre Hoffnungen setzt.

Noch einmal scheint der Weg in die politische Praxis möglich. Daß auch Gesine am Ende enttäuscht wird, bedeutet keine Distanzierung vom angestrebten Ideal – im Gegenteil erscheint die Synthese von Denken und Handeln, die der Roman nicht mehr darstellen kann, dringlicher denn je.

Im letzten Bild der *Jahrestage* stehen drei Personen am Strand: ein altgewordener Mann an der Schwelle zum Tode, eine Frau, Gesine, und ein Kind, Marie. Alle drei repräsentieren auf ihre Weise die Opfer der Geschichte, die ewigen Verlierer, auf deren Urteil niemand Wert legt, auf deren Bedürfnisse niemand Rücksicht nimmt: der alte Mann, dessen Zeit abgelaufen und dessen Lebenserfahrung nicht mehr gefragt ist, die Frau, deren unterlegene Position gesellschaftlich relevantes Handeln a priori verhindert, und schließlich – als schwächstes Glied der Kette – das Kind, dessen Zukunft ernsthaft in Frage gestellt ist. Der Appell an die Solidarität der Schwachen erscheint als einzige »Botschaft«, die der Roman noch auszusprechen vermag. Die Abwesenheit der Gewißheit ist seine einzige Gewißheit; die Unsicherheit des Augenblicks, den er festhält, ist seine eigene, ist die seines geschichtsphilosophischen Moments.

Die Wahl einer weiblichen Protagonistin begreifen wir in diesem Zusammenhang als bewußte Kritik an den männlich orientierten Herrschaftsstrukturen der politischen Praxis. In der Gestaltung Gesines verwirklicht Uwe Johnson sein Ideal einer unabhängigen und unkorrumpierbaren Geisteshaltung, für die es reale Vorbilder gibt.

Seit den späten sechziger Jahren hatte Johnson Kontakte zu Frauen, die auf die literarische Gestaltung der Gesine Cresspahl Einfluß genommen haben mögen. Es sind: die Journalistin Margret Boveri, Helen Wolf, Johnsons amerikanische Verlegerin, und die Philosophin Hannah Arendt, die Johnson in New York kennengelernt hatte.[66] Was Johnson an allen drei Frauen gleichermaßen fasziniert hat, ist vor allem die Unbestechlichkeit ihres Urteils sowie eine überragende geistige Unabhängigkeit, die sie von der Masse unterschied. Dabei ist zu bemerken, daß es sich sowohl bei Margret Boveri als auch bei Hannah Arendt eher um Außenseiterinnen innerhalb ihres Faches handelte. Weder das journalistische

Selbstverständnis der Boveri noch die Philosophie Hannah Arendts haben – wie man sagt – »Schule gemacht«. Gerade aber ihre Außenseiterrolle ist es, die beide Frauen für Johnson zu wichtigen Zeitzeugen macht. Über Hannah Arendt schreibt Johnson in seinem Nachruf, daß sie »ihre Haltung aus ihrer eigenen Wirklichkeit [bezog]« (THA, 75) – eine treffende Charakteristik, die ohne weiteres auch auf Gesine übertragbar scheint, denn die Haltung, die diese in den *Jahrestagen* vorführt, bezieht ihre Kraft tatsächlich aus einer Wirklichkeit, d. h. einem Ideal von Wirklichkeit, das sie sich selbst erst schafft.

Zweifellos handelt es sich bei der Wahl des weiblichen Blickwinkels um eine männliche Projektion, die unmittelbar mit der totalen Politikverweigerung des Autors zusammenfällt. Johnson benutzt Gesine, um seinen Zweifeln an der »Vernunft der Zeitläufte« Ausdruck zu verleihen. Wenngleich es ihm durch die Wahl der Erzählperspektive durchaus gelingt, den Verlauf der Geschichte überzeugend als Desaster auszuweisen, das die männlich orientierte Geschichtsschreibung nur allzu gern im Sinne eines heroischen Vorwärtsstrebens uminterpretiert, so bleibt das Problem der politischen Praxis damit freilich offen wie zuvor. Die stereotype Konfrontation einer integren Geisteshaltung mit der verfehlten Wirklichkeit vermag – dies macht die historische Distanz zu Johnsons Werk zunehmend deutlich – auf die Dauer nicht zu befriedigen. Die Tendenz zu einer nurmehr symbolischen Haltung gegenüber der Wirklichkeit unterläuft zunehmend das eigentliche Ziel des Autors, die Vermittlung von Kunst und Wirklichkeit.

Die Opferung Gesines müssen wir in diesem Sinne als Ausdruck der inneren Begrenztheit des Johnsonschen Werkes begreifen. Die Rigorosität seines Ideals von Wirklichkeit, das dem Romangeschehen zunehmend seine Lebendigkeit nimmt, steht in krassem Gegensatz zu seinem Erzählen, das in seinen schönsten Momenten – in denjenigen nämlich, in denen es frei von theoretischen Implikationen sich selbst verwirklicht – ein vielschichtigeres Bild von Wirklichkeit entwirft.

Die ästhetische Konstruktion des Romans kann – immanent betrachtet – als schlüssig bezeichnet werden; ob sie jedoch auch externer Kritik standhält, steht auf einem anderen Blatt.

Ausblicke

»Am Ende könnte man mir nachsagen, ich sei jemand, der hat es mit Flüssen. Es ist wahr, aufgewachsen bin ich an der Peene, von Anklam durch Güstrow fließt die Nebel, auf der Warnow bin ich nach und in Rostock gereist, Leipzig bot mir Pleisse und Elster, Manhattan ist umschlossen von Hudson und East und North, ich gedenke auch eines Flusses Hakkensack, und seit drei Jahren bedient mich vor dem Fenster die Themse, wo sie die Nordsee wird. Aber wohin ich in Wahrheit gehöre, das ist die dicht umwaldete Seenplatte Mecklenburgs von Plau bis Templin, entlang der Elde und der Havel, und dort hoffe ich mich in meiner nächsten Arbeit aufzuhalten, ich weiß schon in welcher Eigenschaft, aber ich verrate sie nicht.«

Uwe Johnson, *Ich über mich*[67]

Uwe Johnsons Rückkehr in das Land seiner Herkunft hat sich anders vollzogen, als er es sich noch zu Lebzeiten hatte vorstellen können. Während in der damaligen DDR, abgesehen von einer frühen Übersetzung von Melvilles *Israel Potter*, keines seiner Werke erscheinen konnte, kam es immerhin noch Anfang 1990, während der letzten Monate des offiziellen Bestehens der DDR, zur ersten und einzigen Veröffentlichung. Unter dem beziehungsreichen Titel *Eine Reise wegwohin* legte der Rostocker Germanist Jürgen Grambow einen Sammelband mit kürzeren Prosatexten Johnsons vor.[68] Dieser Band ist – mit Ausnahme eines Aufsatzes zu den *Jahrestagen*, den Grambow bereits 1986 in der Ost-Berliner Literaturzeitschrift *Sinn und Form* veröffentlicht hatte[69] – zugleich der Anfang und das Ende der Johnsonschen Rezeptionsgeschichte in der DDR.

Ob das Buch in der Hektik des Umbruchs damals wirklich auf Resonanz gestoßen ist, erscheint unwahrscheinlich. Die Hoffnung, die Grambow in seinem Nachwort ausspricht, daß nämlich die Romane Johnsons einen Beitrag zu einem veränderten Selbstverständnis leisten könnten[70], steht quer zu der allgemeinen Tendenz, nach dem Zusammenbruch die Existenz des Staates DDR möglichst schnell aus der Erinnerung aller Deutschen zu tilgen. Grambow appelliert in bester Absicht an ein politisches Bewußtsein, daß aber eben in jenen Monaten der Wiedervereinigung im Aussterben begriffen war. Als Johnson endlich in der DDR erscheinen konnte, war es also zu spät für ihn. Die eigentlichen Adressaten seiner Romane, die Bürger der DDR nämlich, haben sie niemals zur Kenntnis nehmen können; als ihnen die Romane Uwe Johnsons endlich zugänglich waren, waren sie eben keine Bürger der DDR mehr.

Auf diesem Unterschied ist zu bestehen, denn die Rezeption von Kunstwerken vollzieht sich nun einmal vor dem Hintergrund ihrer gesellschaftlich-politischen Einbindungen. Was wir aufnehmen, nehmen wir unter dem Vorbehalt unserer eigenen Verstrickung in die Zeitläufte auf; durch die Veränderung unserer Lebensumstände verändert sich auch unsere besondere Sichtweise.

Die Romane Uwe Johnsons sind also in jenem Teil Deutschlands erschienen und rezipiert worden, für den sie – zumindest zu Beginn – nicht bestimmt waren. Diese Tatsache prägt ihre Rezeptionsgeschichte in mehrfacher Hinsicht. Die gesellschaftlichen Verhältnisse, die Johnson in seinen ersten drei Romanen als unmittelbar Beteiligter schildert, wirken auf den westdeutschen Leser – heute wie gestern – fremdartiger als so mancher Roman ausländischer Herkunft.

Der vehemente und erfolgreiche Widerstand Siegfried Unselds gegen eine Veröffentlichung der *Ingrid Babendererde* bei Suhrkamp mag als Beleg für den hohen Irritations- und Provokationsgehalt dienen, den Johnsons Romane in der Bundesrepublik aufgrund ihrer Fremdartigkeit entfaltet haben. In seinem Nachwort zur posthumen Publikation im Jahre 1985 erläutert Unseld die Gründe seiner damaligen Vorbehalte, die mit einigem Recht als exemplarisch angesehen werden dürfen: »Sicher waren es außerliterarische Kriterien, die mir damals den Zugang zum Text versperrten. Das Fremde des Milieus, die vertrackte Provinzialität dieser Kleinstadt, die vielen Textpassagen im Mecklenburger Platt [...]. In *Ingrid Babendererde* war mir zu viel von der Freien Deutschen Jugend die Rede, vom Ritual der Parteisitzungen und der Freundschaftsbegrüßungen, vom Symbolgehalt eines Mitgliedsbuches, kurz, ich wehrte mich gegen eine parteiliche Atmosphäre, der ich hoffte, für immer entronnen zu sein, und irrtümlicherweise wurde mir diese Darstellung nicht als Kritik des Autors deutlich.«[71]

Nicht viel anders als Siegfried Unseld dürfte es dem westdeutschen Leser der *Mutmassungen* ergangen sein, für den der Staat DDR zu Ende der fünfziger Jahre weitgehend einen weißen Flecken auf der Landkarte darstellte. Neben dem hohen ästhetischen Niveau, das den Roman zur literarischen Sensation des Jahres 1959 machte, überwiegt denn auch die Irritation. Wie war dieser Autor, der sein Fortgehen aus der DDR hartnäckig als ganz normalen »Umzug« nach West-Berlin ausgab, politisch einzuordnen? Wer die *Mutmassungen* im Hinblick auf ein eindeutiges politisches Bekenntnis las, konnte hier nicht fündig werden. Noch Johnsons Kritik an der DDR war so formuliert, daß sie das Objekt ihrer Kritik – damals wahrlich keine Selbstverständlichkeit – als unabhängiges Staatsgebilde ernst nahm. Die *Mutmassungen* sind in diesem Sinne nichts anderes als die Kritik eines überzeugten Sozialisten an der sozialistischen Praxis. Es wäre deshalb falsch, den Roman als eine »Abrechnung« des Autors mit der DDR zu betrachten. Die DDR blieb vielmehr zeit seines Lebens ein Bezugspunkt, mit dem sich Johnson trotz der wachsenden Distanz zu seinen persönlichen Erfahrungen immer wieder auseinandergesetzt hat. Die Frage nach der Veränderbarkeit des Sozialismus hat ihn niemals losgelassen, die westlichen Demokratien haben für ihn – nach allem was man weiß – niemals eine ernstzunehmende Alternative dargestellt.

In den Jahren des kalten Krieges galt der Satz vom ausgeschlossenen Dritten aber in ganz besonderer Weise. Wer nicht eindeutig entweder hier oder dort stand, hatte sich die Zweifel an seiner Glaubwürdigkeit selbst zuzuschreiben. Der stets unbequeme Ort zwischen den Stühlen – er muß in jenen Jahren unbequemer denn je gewesen sein.

Wenngleich also die Kritik die literarische Qualität des Johnsonschen Erstlings sofort richtig herausgespürt hatte, so konnten die *Mutmassungen* zu ihrer Zeit keineswegs in all ihren Dimensionen ausgeleuchtet werden. Die zeitliche Nähe zu ihnen wirkte sich zunächst als Erkenntnissperre bezüglich der politisch-gesellschaftlichen Dimension des Romans aus. Der entscheidende Beitrag Johnsons zur Selbstbefragung und -vergewisserung einer geteilten Nation, den Grambow in seinem Nachwort anspricht, ist erst in den letzten Jahren, insbesondere natürlich im Hinblick auf die *Jahrestage*, in den Blickpunkt des wissenschaftlichen Interesses getreten. Mit der wachsenden historischen Distanz, die den Materialwert des Johnsonschen Werkes zunehmend deutlicher hervortreten läßt, wird die Analyse des charakteristischen Spannungsverhältnisses zwischen seinem ästhetischen und aufklärerischen Impuls zu einer vordringlichen Aufgabe der Forschung.

Interessant ist in diesem Zusammenhang der Hinweis auf die – wie auch immer verspätete – Rezeption Uwe Johnsons in der ehemaligen DDR: Was Literaturwissenschaft und Kritik im Westen aufgrund der mangelnden Innensicht der DDR-Verhältnisse verborgen bleiben muß, der eigentliche Sachgehalt der Johnsonschen Romane, stößt bei den Forschern im Osten auf ein deutliches Interesse.[72]

Es geht nun also darum, Johnson als innovativen Formalisten und großen Moralisten, der er fraglos war, in einer Person zu erfassen. Dies ist freilich nur unter der Voraussetzung möglich, daß die Literaturwissenschaft ihre Vorbehalte aufgibt und den Impetus des Aufklärers ohne Ressentiment ins Auge faßt. Aufklärung, im besten Sinne des Wortes verstanden, ist – so belegen Johnsons Romane – eben kein Anachronismus, sondern ist in Anbetracht der zunehmenden Unübersichtlichkeit der Verhältnisse heute notwendiger denn je.

Johnson will seine Leser nicht belehren; er gibt nicht vor zu wissen, was er nicht weiß, aber er will das politische und historische Hintergrundwissen, das er sich als Voraussetzung für die Niederschrift aller seiner Romane erworben hat, an seine Leser weitergeben. Er selbst hat einmal in einem Interview gesagt, daß, wer sich über die zweite Hälfte des 19. Jahrhunderts informieren möchte, statt eines trockenen Geschichtsbuches besser die Romane Theodor Fontanes zur Hand nähme. In diesem Sinne könnten spätere Generationen, um sich mit der Epoche der deutschen Teilung vertraut zu machen, auf die Romane Uwe Johnsons zurückgreifen, denn wie alle große Literatur liefern auch sie einen nicht unbedeutenden Beitrag zur Geschichtsschreibung. Was sie von ihr unterscheidet, ist die Quelle ihrer unmittelbaren Evidenz: Wo diese, um dem Anspruch der Wissenschaftlichkeit Genüge zu tun, ableitet, verbindet, erklärt und damit am Ende nur allzu oft dem historischen Verlauf nachträglich die Absolution erteilt, ist es jener im Prozeß des Ästhetischwerdens gegeben, ihren Gegenstand ohne falschen Erklärungszwang in all seiner Widersprüchlichkeit auszuleuchten. Bloch sprach in diesem Zusammenhang einmal von der Veränderung zur Kenntlichkeit.

Es ist wahr, daß die Strukturen der modernen Welt kaum ein schlüssiges Verständnis ihrer selbst zulassen: Die Darstellung der Sinnlosigkeit, wie sie Beckett beschrieben hat und Adorno für alle kommenden Schriftstellergenerationen zur gültigen Norm erheben wollte, ist eine – berechtigte – Antwort auf die Zumutungen der Moderne. Eine ganz andere liefern die Romane Uwe Johnsons, die ihre ästhetische Gestaltungskraft in den Dienst eben der Aufklärung stellen.

Ihr konsequenter Blickwinkel vermittelt dem Leser ein Modell der bewußten Auseinandersetzung mit den gesellschaftlichen Strukturen, das er auf seine eigenen Lebensumstände übertragen kann und soll. All jene Fragen, die in seinen Romanen konsequent unbeantwortet bleiben müssen, ergehen an jeden einzelnen Leser, der auf diese Weise in den Prozeß der Wahrheitsfindung mit einbezogen wird.

Daß die angestrebte Freisetzung des Lesers zu eigenen Überlegungen und Schlußfolgerungen als gelungen betrachtet werden darf, ist das Verdienst der sublimen Gestaltungskraft Uwe Johnsons. An Romanen, die sich – durchaus in kritischer Absicht – mit der deutschen Vergangenheit auseinandersetzen, mangelt es nicht, doch nur wenigen Autoren gelingt es, ihren Gegenstand derart auszuleuchten, daß die gewonnenen Erkenntnisse nicht im Vollzug der Lektüre gleichsam verpuffen. Es bedarf, um einem Thema wie diesem auch nur annähernd gerecht zu werden, einer überragenden ästhetischen Sensibilität und der – bei aller berechtigten Betroffenheit – Distanz zu sich selbst und den eigenen historisch-gesellschaftlich bedingten Prägungen.

Wer wie Uwe Johnson anstrebt, seine Zeit in einem Romanwerk zu erfassen, muß notgedrungen einen Standort einnehmen, den es eigentlich nicht gibt. Er muß zugleich in den natürlichen Begrenzungen des Darzustellenden denken, und er muß als Erzähler über diese hinausdenken. Sein Schreiben ist ein Balanceakt, dessen Gleichgewicht nicht ein für allemal ausgelotet werden kann, sondern in der Auseinandersetzung mit seinem Gegenstand jeweils neu definiert werden muß. Das Geheimnis des Gelingens liegt in der Evidenz der ästhetischen Chiffren, die Johnson in seinen Geschichten als deren einzig mögliche Form der Darstellung »erspürt«.

»Seine Grösse war die Einheit von Empfindlichkeit, Zorn und Genauigkeit«, schreibt Heinrich Böll in einem Nachruf auf Uwe Johnson.[73] Und es ist eben diese brisante Verbindung unterschiedlicher Wahrnehmungsebenen, die die Wirklichkeit der Johnsonschen Romane schafft: nicht als Abbildung und nicht als maßstäbliches Modell, sondern als »Welt, gegen die Welt zu halten« (VPR, 35). Denn »so wie es da geschrieben steht, so ist es, so leben wir. Aber wollen wir so leben?«[74]

Anhang

Anmerkungen

1 Yourcenar, Marguerite: Mishima oder die Vision der Leere, Frankfurt/M. 1988, S. 42.
2 Wolf, Christa: Kein Ort. Nirgends., Darmstadt 1988, S. 118.
3 Zur Aufnahme des »Ingrid-Romans« beim Aufbau-Verlag in der DDR vgl. auch: Johnson, Uwe: Vergebliche Verabredung. Ausgewählte Prosa, Leipzig 1992, darin: Grambow, Jürgen: Gespräch mit Stephan Hermlin, S. 138 ff.; »Autor braucht Gehirnwäsche« (ohne Verfasserangabe), Der Spiegel, 2/1992.
4 Zur Aufnahme des »Ingrid-Romans« beim Suhrkamp Verlag vgl. auch: Johnson, Uwe: Ingrid Babendererde, Frankfurt/M. 1985, darin: Unseld, Siegfried: Nachwort, S. 251-264.
5 Drescher, Horst: Zu Uwe Johnson, in: Sinn und Form, Heft 2, Berlin 1990, S. 352.
6 Ebenda, S. 351.
7 Vgl. Johnson, Uwe: Eine Reise wegwohin und andere Kurze Prosa, Berlin/Weimar 1989.
8 Johnson, Uwe: Ingrid Babendererde, Frankfurt/M. 1985, S. 60.
9 Ders.: Eine Reise wegwohin, Berlin/Weimar 1989, S. 62 f.
10 Demetz, Peter: Uwe Johnsons Blick in die Epoche, in: Bengel, Michael (Hg.): Johnsons Jahrestage, Frankfurt/M. 1985, S. 196.
11 Fries, Fritz Rudolf, zitiert in: Gansel, Carsten: Grenz-Erfahrungen – Gedächtnis – Erzählen. Uwe Johnsons »Ingrid Babendererde« – ein Buch, das der Zeit voraus war?, in: Wenigstens in Kenntnis leben. Notate zum Werk Uwe Johnsons, hrsg. von Carsten Gansel, Neubrandenburg 1991, S. 29.
12 Johnson, Uwe: Jahrestage, Bd. IV, Frankfurt/M. 1983, S. 1891.
13 Vgl. Geppert, Hans Vilmar: Der »andere« historische Roman, Tübingen 1976, S. 165: »Der ›andere‹ historische Roman weist so in einem mehrfachen Sinne über sich hinaus: auf individuelle von der Fiktion nicht voll bewältigte historische Gegenstände, auf einen unabhängigen Leser, auf die hermeneutischen Vorausset-

zungen und Möglichkeiten dieser Realisierung und schließlich auch, wenn auch nur mittelbar, auf eine noch zu konstituierende Wirklichkeit.«

14 Vgl. Benjamin, Walter: Über den Begriff der Geschichte, in: ders.: Illuminationen, Frankfurt/M. 1977, S. 251-261.

15 Durzak, Manfred: Dieser langsame Weg zu einer größeren Genauigkeit. Gespräch mit Uwe Johnson, in: ders.: Gespräche über den Roman. Formbestimmungen und Analysen, Frankfurt/M. 1976, S. 428 f.

16 Fahlke, Eberhard (Hg.): »Ich überlege mir die Geschichte ...« Uwe Johnson im Gespräch, Frankfurt/M. 1988.

17 Ebenda: Neusüss, Arnhelm: Über die Schwierigkeiten beim Schreiben der Wahrheit, S. 184.

18 Ebenda, S. 185.

19 Johnson, Uwe: Berliner Stadtbahn, in: ders.: Berliner Sachen, Frankfurt/M. 1975, S. 18.

20 Vgl. dazu auch: Johnson, Uwe: Entwöhnung von einem Arbeitsplatz. Klausuren und frühe Prosatexte, hrsg. von Bernd Neumann, Frankfurt/M. 1992, darin: Neumann, Bernd: Philologie und Biographie in Uwe Johnsons frühen Texten (1952-1959), S. 129-211.

21 Leitmotivisch zitiert Johnson diese Aussage im ersten Kapitel dreimal, wobei das Zitat jeweils erweitert wird. Vollständig lautet es: »Man müßte überhaupt ein Fremder sein, um einen Ort wie Klagenfurt länger als eine Stunde erträglich zu finden, oder immer hier leben, vor allem dürfte man nicht hier aufgewachsen sein und ich sein und dann auch noch wiederkommen.«

22 Fahlke, Eberhard: Chronologie eines Plots, in: Über Uwe Johnson, hrsg. von Raimund Fellinger, Frankfurt/M. 1992, S. 83.

23 Neusüss, Arnhelm (Hg.): Über die Schwierigkeiten beim Schreiben der Wahrheit, in: Fahlke, Eberhard (Hg.): »Ich überlege mir die Geschichte ...«, Frankfurt/M. 1988, S. 185.

24 Roloff, Michael: Gespräch mit Uwe Johnson, in: Fahlke, Eberhard (Hg.): »Ich überlege mir die Geschichte ...«, a. a. O., S. 173.

25 Benjamin, Walter: Über den Begriff der Geschichte, in: ders.: Illuminationen, Frankfurt/M. 1977, S. 255.

26 Ders.: Goethes Wahlverwandtschaften, in: ders.: Illuminationen, a. a. O., S. 63.

27 Ders.: Der Erzähler, in: ders.: Illuminationen, a. a. O., S. 410.

28 Ebenda, S. 385.
29 Ebenda, S. 388.
30 Adorno, Theodor W.: Zum Ende, in: ders.: Minima Moralia, Frankfurt/M. 1986, S. 333 f.
31 Stahlberg, Peter Michael/Schmitz, Ulrich: Begegnung mit Uwe Johnson, in: Fahlke, Eberhard (Hg.): »Ich überlege mir die Geschichte ...«, Frankfurt/M. 1988, S. 214.
32 Boveri, Margret: Wir lügen alle. Eine Hauptstadtzeitung unter Hitler. Texte und Dokumente zur Zeitgeschichte, Olten/Freiburg 1965.
33 Dies.: Verzweigungen. Eine Autobiographie, hrsg. von Uwe Johnson, München 1977, darin: Nachwort des Herausgebers, S. 352.
34 Ebenda, S. 352 f.
35 Ebenda, S. 355.
36 Ebenda, S. 292 f.
37 Ebenda, S. 294.
38 Ebenda
39 Durzak, Manfred: Dieser langsame Weg zu einer größeren Genauigkeit. Gespräch mit Uwe Johnson, in: ders.: Gespräche über den Roman. Formbestimmungen und Analysen, Frankfurt/M. 1976, S. 431.
40 Whitman, Walt: A song of the rolling earth, in: ders.: Selected poems, New York 1991, S. 68.
41 Benjamin, Walter: Der Erzähler, in: ders.: Illuminationen, Frankfurt/M. 1977, S. 392.
42 Vgl.: »Seit dem Besuch in Barlachs Haus am Inselsee von Güstrow hatten die Schülerinnen Gantlik und Cresspahl eine Verabredung mit einander, eine Heimlichkeit. Beide waren beiseite getreten von der kunstkritischen Unterweisung durch die Fachkraft Selbich, fanden einander auf dem Kamm des Heidberges, wo ein Abhang sich öffnet, güstrower Kindern wohlbekannt als Schlittenbahn, auch dem Auge freien Weg öffnend [...]; welch Anblick mir möge gegenwärtig sein in der Stunde meines
Es ist uns schnuppe, ob dir das zu deftig beladen ist, Genosse Schriftsteller! Du schreibst das hin! Wir können auch heute noch aufhören mit deinem Buch. Dir sollte erfindlich sein, wie wir uns etwas vorgenommen haben für den Tod.
Sterbens.« (JT IV, 1821 f.)

43 Bienek, Horst: Werkstattgespräch mit Uwe Johnson, in: Fahlke, Eberhard (Hg.): »Ich überlege mir die Geschichte ...«, Frankfurt/M. 1988, S. 205.

44 Bronnen, Barbara: »Beauftragt, Eindrücke festzustellen.« Ein Gespräch mit dem Schriftsteller und Büchner-Preisträger Uwe Johnson, in: Fahlke, Eberhard (Hg.): »Ich überlege mir die Geschichte ...«, a.a.O., S. 258.

45 Iser, Wolfgang: Der Akt des Lesens, München 1990, S. 7.

46 Ebenda, Vorwort zur zweiten Auflage, S. IV.

47 Johnson, Uwe, in: Simmerding, G./Schmid, O. (Hg.): Literarische Werkstatt, München 1972, S. 65 f.

48 Demetz, Peter: Uwe Johnsons Blick in die Epoche, in: Bengel, Michael (Hg.): Jahrestage, Frankfurt/M. 1985, S. 197.

49 Benjamin, Walter: Über den Begriff der Geschichte, in: ders.: Illuminationen, Frankfurt/M. 1977, S. 254.

50 Wellershoff, Dieter: Wiederherstellung der Fremdheit, in: ders.: Literatur und Veränderung, Berlin 1969, S. 88.

51 Zur Rufmord-Kampagne Hermann Kestens vgl. auch Johnsons eigene Ausführungen in: ders.: Begleitumstände. Frankfurter Vorlesungen, Frankfurt/M. 1980, S. 206-251.

52 Schwarz, Wilhelm Johannes: Der Erzähler Uwe Johnson, Bern/München 1970, S. 99.

53 Vgl. dazu auch eine Selbstaussage Uwe Johnsons: »Mit Jonas zum Beispiel ist es wieder etwas anderes. Es handelt sich hier um den Versuch, die Schwierigkeiten zu erklären, in die ein Intellektueller kommt, wenn er sich mit der Macht affiliert und dann wegen taktischer Schwankungen sitzengelassen wird.« In: Schwarz, Wilhelm Johannes: Gespräch mit Uwe Johnson, in: Fahlke, Eberhard (Hg.): »Ich überlege mir die Geschichte ...«, Frankfurt/M. 1988, S. 243.

54 Fontane, Theodor: Sämtliche Werke, Bd. XXI, I, München 1963, S. 9.

55 Sowohl in der bildenden Kunst als auch in der Literatur hatte die Hinwendung zu realistischen Formen der Darstellung – als Antwort auf den Klassizismus etwa – eine dezidiert kritische Funktion. So setzten sich die Vertreter des Sturm und Drang bewußt gegen das klassische Drama und seine idealisierten Inhalte ab, indem sie Lebenssphären gestalteten, die bis dahin niemals Gegenstände der Kunst gewesen waren. Der veränderte Blick des

Künstlers auf die ihn umgebende Wirklichkeit wurde zunächst keineswegs geschätzt, sondern stieß – bei der Literatur ebenso wie bei der bildenden Kunst – weitgehend auf Ablehnung.
Künstler, die sich bewußt dem Realismus verschrieben, wie etwa der französische Maler Gustave Courbet, wurden noch Mitte des vorigen Jahrhunderts als Verherrlicher des Niedrigen und Vulgären beschimpft. Sozialkritik als Thema der Kunst konnte sich nur sehr langsam durchsetzen. Noch Gerhard Hauptmanns Weber wurden unmittelbar nach der Uraufführung im Jahre 1893 polizeilich verboten und konnten erst ein Jahr später erneut aufgeführt werden.

56 Die Ausbreitung realistischer Formen der Kunst vollzog sich nicht von ungefähr in der zweiten Hälfte des 19. Jahrhunderts. Sie fällt unmittelbar zusammen mit der Konstituierung der bürgerlichen Gesellschaft und damit des Nationalstaates in den fortschrittlichen Ländern Europas. Die realistischen Kunstwerke und Romane, die damals entstanden – die Romane Balzacs oder Hugos in Frankreich, Kellers und Fontanes in Deutschland, die Bilder Courbets oder Delacroix' oder Liebermanns – spiegeln das sich wandelnde gesellschaftliche Selbstverständnis und fassen es zugleich unter einer kritischen Perspektive ins Auge. Und genau das eben war das eigentlich Neue: Der Künstler, der sich und sein Werk als integrativen Bestandteil des gesellschaftlichen Wandels begreift.
Will man heute zu einem ebenso praktikablen wie undogmatischen Begriff des ästhetischen Realismus gelangen, so ist es unabdingbar, die ursprünglich kritische Intention der realistischen Bewegungen anzuknüpfen.

57 Brecht, Bertold: Weite und Vielfalt realistischer Schreibweise (1939), in: ders.: Über Realismus, Frankfurt/M. 1971, S. 48, 65.

58 Ders.: Notizen über realistische Schreibweise, ebenda, S. 126.

59 Ders.: Fünf Schwierigkeiten beim Schreiben der Wahrheit, in: ders.: Über Politik und Kunst, Frankfurt/M. 1972, S. 41 f.

60 Halstenberg, Armin: »Dichter soll man nicht stören«. Heute am Telefon: Uwe Johnson, in: Fahlke, Eberhard (Hg.): »Ich überlege mir die Geschichte ...«, Frankfurt/M. 1988, S. 232.

61 Johnson, Uwe: Jahrestage, Bd. II, Frankfurt/M. 1983, S. 690.

62 Weiss, Peter: Die Ästhetik des Widerstands, Bd. 3, Frankfurt/M. 1983, S. 267 f.

63 Nach der Fertigstellung der *Jahrestage* plante Johnson bereits 1983 ein Buch über das Leben Heinrich Cresspahls, von Gesine rekonstruiert. »Heute neunzig Jahr«, so der vorgesehene Titel, blieb jedoch ein Fragment. Was vorliegt, ist lediglich der »Versuch, einen Vater zu finden«, hrsg. von Norbert Mecklenburg, Frankfurt 1988.

64 Johnson, Uwe: Eine Reise wegwohin, Berlin/Weimar 1989.

65 Vgl. dazu auch Mecklenburg, Norbert (Hg.): »Märchen vom unentfremdeten Leben«. Uwe Johnson und der Sozialismus, in: Das Argument 192, 1992.

66 Vgl. dazu auch Johnsons Nachruf auf Margret Boveri und Hannah Arendt, in: ders.: Porträts und Erinnerungen, Frankfurt/M. 1988, S. 63- 66 und S. 74-77, sowie Johnsons Nachwort zu den Memoiren Margret Boveris (siehe Anm. 33). Siehe außerdem: Wolff, Helen: Gegenwärtige Erinnerungen, in: Du. Die Zeitschrift der Kultur 10, 1992, S. 54 f., sowie Neumann, Bernd: Korrespondenzen: Uwe Johnson und Hannah Arendt, in: Du, a. a. O., S. 62-66.

67 Johnson, Uwe: Ich über mich, in: Gerlach, Rainer/Richter, Matthias: Uwe Johnson, Frankfurt/M. 1984, S. 20.

68 Ders.: Eine Reise wegwohin, Berlin/Weimar 1989.

69 Grambow, Jürgen: Heimat im Vergangenen, in: Sinn und Form, Heft 1, Berlin 1986.

70 Ders.: Garantiert durch Wirklichkeit, in: Eine Reise wegwohin, Berlin/Weimar 1989, S. 503: »Uwe Johnson maß die neue Gesellschaft an ihren Versprechungen, und an ihren Möglichkeiten. Wenn wir seine Vorhaltungen jetzt zur Kenntnis nehmen und ihn zu drucken beginnen, ist das nicht allein ein Zeichen zunehmender Toleranz, vielmehr gehören seine Einwände und Einwürfe dazu, wenn wir uns, zu unserem eigenen Nutzen, unserer eigenen Geschichte in all ihrer Vielfalt und ihrer ganzen Widersprüchlichkeit versichern.«

71 Unseld, Siegfried: Nachwort, in: Johnson, Uwe: Ingrid Babendererde. Reifeprüfung 1953, Frankfurt/M. 1985, S. 258 f.

72 Das Interesse der ostdeutschen Literaturwissenschaften am Sachgehalt der Johnsonschen Romane dokumentieren zwei Anthologien: Gansel, Carsten: Wenigstens in Kenntnis leben. Notate zum Werk Uwe Johnsons, Neubrandenburg 1991. Gansel, Carsten/Grambow, Jürgen (Hg.): ... Biographie ist unwiderruflich.

Zu Uwe Johnson, Frankfurt/M./Berlin/Bern/New York/Paris/Wien 1992.

73 Zitiert in: Fahlke, Eberhard: Chronik von Leben und Werk, in: Du. Die Zeitschrift der Kultur 10, 1992, S. 81.

74 Durzak, Manfred: Dieser langsame Weg zu einer größeren Genauigkeit, in: ders.: Gespräche über den Roman, Frankfurt/M. 1976, S. 431.

Literaturhinweise

Verzeichnis der zitierten Texte Uwe Johnsons (alphabetisch nach Kürzeln)

BS	Berliner Stadtbahn, in: Berliner Sachen, Aufsätze, Frankfurt/M. 1975, S. 7-21.
BU	Begleitumstände. Frankfurter Vorlesungen, Frankfurt/M. 1980.
DBA	Das dritte Buch über Achim, Frankfurt/M. 1973.
EJ	Einführung in die Jahrestage, in: Johnsons Jahrestage, Hg.: Michael Bengel, Frankfurt/M. 1985.
ERK	Eine Reise nach Klagenfurt, Frankfurt/M. 1974.
HP	Über eine Haltung des Protestierens, in: Johnsons Jahrestage, a. a. O., S. 28 f.
MJ	Mutmassungen über Jakob, Frankfurt/M. 1974.
I	Ich über mich, in: Uwe Johnson, Hg.: Rainer Gerlach/Matthias Richter, Frankfurt/M. 1984, S. 16-21.
IB	Ingrid Babendererde. Reifeprüfung 1953, Frankfurt/M. 1985.
JB	Jona zum Beispiel, in: Uwe Johnson: Eine Reise wegwohin und andere kurze Prosa, Berlin/Weimar 1989, S. 313-315.
JT	Jahrestage I-IV. Aus dem Leben von Gesine Cresspahl, Frankfurt/M. 1983.
SV	Skizze eines Verunglückten, Frankfurt/M. 1985.
THA	»Mir bleibt nur, ihr zu danken«. Zum Tod von Hannah Arendt, in: Uwe Johnson. Porträts und Erinnerungen, Hg.: Eberhard Fahlke, Frankfurt/M. 1988, S. 74-77.
V	Nachwort zu: Boveri, Margret: Verzweigungen. Eine Autobiographie, München 1982.
VM	Versuch, eine Mentalität zu erklären, in: Berliner Sachen, a. a. O., S. 52-63.
VPR	Vorschläge zur Prüfung eines Romans, in: Uwe John-

son, Hg.: Rainer Gerlach/Matthias Richter, a.a.O., S.30-36.

VV Versuch, einen Vater zu finden, Frankfurt/M. 1988.

Sekundärliteratur – Auswahlbibliographie

1. Bibliographien

Die Wirkungsgeschichte der Werke Uwe Johnsons wird in einer zweibändigen Bibliographie vollständig bis zum Jahre 1980 dokumentiert. Eine erweiterte Neuauflage ist in Vorbereitung.

Riedel, Nicolai: Uwe Johnson. Bibliographie 1959-1980. Band I. Das schriftstellerische Werk und seine Rezeption in literaturwissenschaftlicher Forschung und feuilletonistischer Kritik in der Bundesrepublik Deutschland, Bonn 1981.

Riedel, Nicolai: Uwe Johnson. Bibliographie 1959-1977. Band II. Das schriftstellerische Werk in fremdsprachigen Textausgaben und seine Rezeption in literaturwissenschaftlicher Forschung und Zeitungskritik, Bonn 1978.

Auswahlbibliographien liegen darüber hinaus vor in:

Uwe Johnson, Hg.: Rainer Gerlach/Matthias Richter, Frankfurt/M. 1984, S.330-340.

Text und Kritik. Zeitschrift für Literatur, Hg.: Heinz Ludwig Arnold, Heft 65/66, Uwe Johnson, München 1980, S.120-126. (Auswahlbibliographie ist kommentiert)

Spaeth, Dietrich: Johnson lesen. Zu einigen kürzlich erschienenen Arbeiten über den 1984 verstorbenen Schriftsteller, in: Die Horen, 37. Jg., 2. Quartal 1992, S.139-149.

2. Zur Einführung

Boulby, Mark: Uwe Johnson, New York 1974.

Migner, Karl: Uwe Johnson, in: Dietrich Weber (Hg.): Deutsche Literatur seit 1945 in Einzeldarstellungen, Bd. 1, Stuttgart 1970, S.563-583.

Schmitz, Walter: Uwe Johnson, München 1984.
Schwarz, W.J.: Der Erzähler Uwe Johnson, Bern/München 1970.
Vormweg, Heinrich: Uwe Johnson. Bestandsaufnahme vom Lauf der Welt, in: Hans Wagner (Hg.): Zeitkritische Romane des 20. Jahrhunderts, Stuttgart 1975.
Wünderlich, Erich: Uwe Johnson, Berlin 1973.

3. Gesamtdarstellungen und Aufsätze zu den einzelnen Werken in der Reihenfolge ihres Erscheinens

Mutmassungen über Jakob

Albert Berger: Uwe Johnson, in: Benno von Wiese (Hg.): Deutsche Dichter der Gegenwart, Berlin 1973, S. 647-661.
Eggers, Ulf Konrad: Textphänomene des »Sprachrealismus« in einigen Werken deutschsprachiger »erzählender« Literatur: Uwe Johnsons »Mutmassungen über Jakob«, in: ders.: Aspekte zeitgenössischer Realismustheorie, besonders des bundesdeutschen Sprachrealismus, Bonn 1976.
Fahlke, Eberhard: Die Wirklichkeit der Mutmassungen: eine politische Lesart der »Mutmassungen über Jakob« von Uwe Johnson, Bern/Frankfurt/M. 1982.
Mayer, Hans: Versuch, eine Grenze zu beschreiben. Zu Uwe Johnsons Roman »Mutmassungen über Jakob«, in: ders.: Vereinzelte Niederschläge. Kritik-Polemik, Pfullingen 1973, S. 137-146.
Neumann, Bernd: Uwe Johnsons »Mutmassungen über Jakob«. Die »nichtaristotelische« Gestaltung einer konkreten Utopie, in: Der deutsche Roman im 20. Jahrhundert, II. Analysen und Materialien zur Theorie und Soziologie des Romans, Hg.: Manfred Brauneck, Bamberg 1976, S. 118-144.
Post-Adams, Ree: Uwe Johnson: Darstellungsproblematik als Romanthema in »Mutmassungen über Jakob« und »Das dritte Buch über Achim«, Bonn 1977.
Popp, Hansjürgen: Einführung in Uwe Johnsons Roman »Mutmassungen über Jakob«, Stuttgart 1967 (Der Deutschunterricht, Beiheft 1/1967).
Schmitt, Rudolf: Methodische und didaktische Überlegungen zu Uwe Johnsons »Mutmassungen über Jakob«, in: Jakob Lehmann

(Hg.): Umgang mit Texten. Beiträge zum Literaturunterricht, Bamberg 1973, S. 221-230.

Das dritte Buch über Achim

Burkhard, Jürg: Uwe Johnsons Bild der DDR-Gesellschaft, Bonn 1988.

Deschner, Karlheinz: Uwe Johnsons »Das dritte Buch über Achim«, in: Talente, Dichter, Dilettanten, Wiesbaden 1964, S. 187-202.

Hodel, Hans: Uwe Johnson: Das dritte Buch über Achim. Gedanken zum dritten Roman Uwe Johnsons, Phil. Diss., Zürich 1972.

Migner, Karl: Uwe Johnson: Das dritte Buch über Achim. Interpretation, München 1966.

Ders.: Uwe Johnson »Das dritte Buch über Achim«. Methodische Hinweise zu seiner Erarbeitung, in: Du. Die Zeitschrift der Kultur 16/2 (1964), S. 17-25.

Opalka, Hubertus: Erzählstruktur als phänomenologisch gedeutete Handlungsstruktur, dargestellt an »Das dritte Buch über Achim«, in: Manfred Jurgensen (Hg.): JOHNSON – Ansichten, Einsichten, Aussichten, Bern 1989.

Post-Adams, Ree: Darstellungsproblematik als Romanthema in »Mutmassungen über Jakob« und »Das dritte Buch über Achim«, Bonn 1977.

Strehlow, Wolfgang: Uwe Johnsons Prosa, gelesen in Zeiten des Umbruchs. Am Beispiel des Romans »Das dritte Buch über Achim«, in: Carsten Gansel/Jürgen Grambow (Hg.): ... Biographie ist unwiderruflich. Zu Uwe Johnson, Frankfurt/M. 1992.

Ullrich, Gisela: Identität und Rolle. Probleme des Erzählens, Johnson, Walser, Frisch und Fichte, Stuttgart 1977.

Zimmermann, Werner: Uwe Johnsons »Das dritte Buch über Achim«. Analyse des Romananfangs und Ausblicke auf das Ganze, in: ders.: Deutsche Prosadichtungen unseres Jahrhunderts, Düsseldorf 1969, S. 301-311.

Eine Reise nach Klagenfurt

Berbig, Roland: »Als sei er süchtig, im Zustand einer Folter zu verharren!« Leid und Leiden: Schreibmotive Uwe Johnsons, in: Wirkendes Wort, 42. Jg., Heft 2, Bonn 1992.

Begleitumstände

Cambi, Fabrizio: Zur Poetik des frühen Johnson, in: Poetik, Hg.: Horst Dieter Schlosser/Hans Dieter Zimmermann, Frankfurt/M. 1988, S. 93-109.
Muhl, Jochen: Hinweise auf die Begleitumstände. Zu Uwe Johnsons Frankfurter Vorlesungen, in: Uwe Johnson, Hg.: Rainer Gerlach/ Matthias Richter, a. a. O., S. 263-270.
Unseld, Siegfried: Uwe Johnson als Partner seiner Figuren. Anmerkungen zur Poetologie, in: Poetik, Hg.: Horst Dieter Schlosser/ Hans Dieter Zimmermann, a. a. O., S. 81-91.

Skizze eines Verunglückten

Becker, Marlis: Der Konjunktiv der indirekten Redewiedergabe: eine linguistische Analyse der »Skizze eines Verunglückten« von Uwe Johnson, Hildesheim 1989.
von Matt, Peter: Die Einsamkeit des moralischen Subjekts in der Moderne, in: Über Uwe Johnson, Hg.: Raimund Fellinger, Frankfurt/M. 1992, S. 161-173.

Jahrestage

Bekes, Peter: Gefällt dir das Land nicht, such dir ein anderes. Zum Verhältnis von Moral und Politik in Johnsons »Jahrestagen«, in: Text und Kritik, Uwe Johnson, a. a. O., S. 63-76.
Bengel, Michael (Hg.): Johnsons »Jahrestage«, Frankfurt/M. 1985 (Gesammelte Rezensionen und Analysen).
Briegleb, Klaus: Widerstand als tätige Erinnerung. Uwe Johnson und Peter Weiss, in: Das Argument 192, Hamburg/Berlin 1992, S. 205-218.
Fries, Ulrich: Uwe Johnsons »Jahrestage«, Erzählstruktur und Politische Subjektivität, Göttingen 1990.
Durzak, Manfred: Mimesis und Wahrheitsfindung. Probleme des realistischen Romans. Uwe Johnsons »Jahrestage«, in: ders.: Gespräche über den Roman. Formbestimmungen und Analysen, Frankfurt/M. 1976, S. 461-481.
Gerlach, Ingeborg: Auf der Suche nach der verlorenen Identität. Studien zu Uwe Johnsons »Jahrestagen«, Königstein/Ts. 1980.

Golisch, Stefanie: Geschichte, Utopie, Ästhetik – Untersuchungen zu Uwe Johnsons »Jahrestagen«, Phil. Diss., Hannover 1991.
Dies.: Uwe Johnsons »Jahrestage« – eine moderne Epopöe im Zeitalter der vollendeten Sündhaftigkeit, in: Carsten Gansel/Jürgen Grambow (Hg.): ... Biographie ist unwiderruflich. Zu Uwe Johnson, a. a. O., S. 129-141.
Dies.: Wahrheitsfindung als politische und ästhetische Kategorie. Anmerkungen zum Werk Uwe Johnsons, in: Carsten Gansel (Hg.): Wenigstens in Kenntnis leben. Notate zum Werk Uwe Johnsons, Neubrandenburg 1991.
Hoesterey-Moffett, Ingeborg: Intertextuelle Verbindlichkeiten in Uwe Johnsons »Jahrestagen«, in: dies.: Verschlungene Schriftzeichen, Frankfurt/M. 1988.
Hoesterey, Ingeborg: Die Erzählsituation als Roman. Uwe Johnsons »Jahrestage«, in: Colloquia Germanica 1 (1983), S. 13-26.
Krätzer, Anita: Studien zum Amerikabild in der neueren deutschen Literatur. Max Frisch-Uwe Johnson-Hans-Magnus Enzensberger und das Kursbuch, Bern/Frankfurt/M. 1982, S. 95-186.
Mecklenburg, Norbert: Ein Land, das ferne leuchtet. Uwe Johnsons Heimatkonzept im Früh- und Spätwerk, in: ders.: Die grünen Inseln. Zur Kritik des literarischen Heimatkomplexes, München 1986, S. 112-144.
Michaelis, Rolf: Kleines Adreßbuch für Jerichow und New York. Ein Register zu Uwe Johnsons Roman »Jahrestage«, Frankfurt/M. 1983.
Pokay, Peter: Vergangenheit und Gegenwart in Uwe Johnsons »Jahrestage«, Phil. Diss., Salzburg 1983.
Storz-Sahl, Sigrun: Erinnerung und Erfahrung. Geschichtsphilosophie und ästhetische Erfahrung in Uwe Johnsons Jahrestagen, Frankfurt/M./Bern/New York/Paris 1988.

Ingrid Babendererde

Bohn, Volker: »In der anständigsten Art, die sich dafür denken lässt« – Uwe Johnsons Erstlingsroman, in: Über Uwe Johnson, Hg.: Raimund Fellinger, a. a. O., S. 26-30.
Bengel, Michael: »Ein Bild des jungen Mannes als Künstler«, in: Über Uwe Johnson, Hg.: Raimund Fellinger, a. a. O., S. 31-43.
Gansel, Carsten: Grenz-Erfahrungen-Gedächtnis-Erzählen. Uwe Johnsons »Ingrid Babendererde« – ein Buch, das seiner Zeit voraus

war?, in: Wenigstens in Kenntnis leben. Notate zum Werk Uwe Johnsons, Hg.: Carsten Gansel, a. a. O.
Mecklenburg, Norbert: Zeitroman oder Heimatroman? Uwe Johnsons »Ingrid Babendererde«, in: Wirkendes Wort, 3/1986, S. 172-189.
Neumann, Bernd: Ingrid Babendererde als Ingeborg Holm. Über Uwe Johnsons ersten Roman, in: Colloquia Germanica 20 (1987), S. 203-212.

Versuch, einen Vater zu finden

Mecklenburg, Norbert: Ein Junge aus dem »Dreikaiserjahr«. Uwe Johnson als Historiker, in: Internationales Uwe-Johnson-Forum. Beiträge zum Werkverständnis und Materialien zur Rezeptionsgeschichte, Hg.: Nicolai Riedel, Bd. 1, Frankfurt/M./Bern u. a. 1989, S. 96-113.

4. Werkübergreifende Darstellungen

Bürger, Christa: Uwe Johnson: der Erzähler, in: Bürger, Peter: Prosa der Moderne, Frankfurt/M. 1992, S. 353-382.
Durzak, Manfred: Wirklichkeitserkundung und Utopie. Die Romane Uwe Johnsons, in: ders.: Der deutsche Roman der Gegenwart, Stuttgart 1971, S. 328-403.
Neumann, Bernd: Utopie und Mimesis. Zum Verhältnis von Ästhetik, Gesellschaftsphilosophie und Politik in den Romanen Uwe Johnsons, Kronberg/Ts. 1978.
Riedel, Ingrid: Wahrheitsfindung als epische Technik. Analytische Studien zu Uwe Johnsons Texten, München 1971.

5. Sammelbände

... Biographie ist unwiderruflich ... Zu Uwe Johnson, Hg.: Carsten Gansel/Jürgen Grambow, Frankfurt/M./Berlin/Bern/New York/ Paris/Wien 1992 (Materialien eines Kolloquiums zum Werk Uwe Johnsons im Dezember 1990 in Neubrandenburg).
DU. Die Zeitschrift der Kultur 10, Uwe Johnson, Zürich 1992 (Gesammelte Aufsätze zu Leben und Werk, zahlreiche Fotos).

»Ich überlege mir die Geschichte ...« Uwe Johnson im Gespräch, Hg.: Eberhard Fahlke, Frankfurt/M. 1988 (Sammlung von Interviews sowie Antworten Johnsons auf Fragen und Umfragen).
JOHNSON – Ansichten, Einsichten, Aussichten, Hg.: Manfred Jurgensen, Bern 1989.
Text und Kritik. Zeitschrift für Literatur, Hg.: Heinz Ludwig Arnold, Heft 65/66, Uwe Johnson, München 1980 (vorwiegend Beiträge zu den »Jahrestagen« und den »Mutmassungen«.)
Über Uwe Johnson, Hg.: Reinhard Baumgart, Frankfurt/M. 1970 (Rezensionen zu den »Mutmassungen«, dem »Dritten Buch über Achim«, »Karsch und andere Prosa« und »Zwei Ansichten«).
Über Uwe Johnson, Hg.: Raimund Fellinger, Frankfurt/M. 1992 (erweiterte Neuauflage, auch mit Beiträgen zu den »Jahrestagen« sowie einem Aufsatz zur »Skizze eines Verunglückten«).
Uwe Johnson, Hg.: Rainer Gerlach/Matthias Richter, Frankfurt/M. 1984 (Beiträge auch zu »Eine Reise nach Klagenfurt« und »Begleitumstände«).
Wenigstens in Kenntnis leben. Notate zum Werk Uwe Johnsons, Hg.: Carsten Gansel, Neubrandenburg 1991 (interessant nicht zuletzt als ein erstes Dokument der Auseinandersetzung mit Johnson in der ehemaligen DDR).

6. Schriftenreihe des Uwe Johnson-Archivs in der Reihenfolge ihres Erscheinens

Uwe Johnson: »Für wenn ich tot bin«, Hg.: Siegfried Unseld/Eberhard Fahlke, Bd. 1, Frankfurt/M. 1991.
Kleines Bilderbuch von Uwe Johnsons Jerichow und Umgebung. Spurensuche im Mecklenburg der Cresspahls, Hg.: Peter Nöldechen, Bd. 2, Frankfurt/M. 1991.
»Entwöhnung von einem Arbeitsplatz«, Hg.: Bernd Neumann, Bd. 3, Frankfurt/M. 1992.
»Wo ist der Erzähler auffindbar?« Gutachten für Verlage 1956-1958, Hg.: Bernd Neumann, Bd. 4, Frankfurt/M. 1992.
Uwe Johnson: Inselgeschichten, Hg.: Eberhard Fahlke, Bd. 5, Frankfurt/M. 1993.

7. *Kleine Auswahlbibliographie: Uwe Johnson und die DDR, Materialien zu einem erweiterten Werkverständnis*

Berbig, Roland/Wizisla, Erdmut (Hg.): »Wo ich her bin ...« Uwe Johnson in der DDR, Berlin 1992.

Bierwisch, Manfred: Erinnerungen, Uwe Johnson betreffend, in: Über Uwe Johnson, Hg.: Raimund Fellinger, Frankfurt/M. 1992, S. 286-295.

Drescher, Horst: Zu Uwe Johnson, in: Sinn und Form, 42. Jg., Heft 2, Berlin 1990, S. 34-353.

Fries, Fritz Rudolf: Nachwort, in: Uwe Johnson: Vergebliche Verabredung, Leipzig 1992, S. 143-149.

Ders.: Der Landvermesser, in: Du. Die Zeitschrift der Kultur, a. a. O., S. 37-40.

Gansel, Carsten: Das Puzzle-Prinzip. Erzählen als Prozeß der Wahrheitsfindung. Uwe Johnson im Kontext der DDR-Literatur, in: ... Biographie ist unwiderruflich ... , a. a. O., S. 107-128.

Ders.: Grenz-Erfahrungen-Gedächtnis-Erzählen. Uwe Johnsons »Ingrid Babendererde« – ein Buch, das der Zeit voraus war?, in: Wenigstens in Kenntnis leben, a. a. O., S. 5-38.

Ders.: Verschiedene Wahrheiten? Zu einem Ost-West-Gespräch aus dem Jahre 1964, in: Wenigstens in Kenntnis leben, a. a. O., S. 118-122. (Unter der Leitung von Hans-Werner Richter diskutieren die Schriftsteller Heinz von Cramer, Günter Grass, Uwe Johnson, Hermann Kant, Max Walter Schulz und Paul Wiens).

Grambow, Jürgen: Heimat im Vergangenen, in: Sinn und Form, Jg. 1986, Heft 1, Berlin 1986, S. 134-157 (einziger Aufsatz über Uwe Johnson, der zu Zeiten der DDR veröffentlicht wurde).

Ders.: Gespräch mit Stefan Hermlin, in: Uwe Johnson: Vergebliche Verabredung, a. a. O., S. 129-141.

Ders.: Uwe Johnsons Rezeption in der DDR, in: Über Uwe Johnson, Hg.: Raimund Fellinger, a. a. O., S. 296-310.

Ders.: Garantiert durch Wirklichkeit. Uwe Johnson, in: ders.: Literaturbriefe aus Rostock, Frankfurt/M. 1990, S. 27-52.

Grüning, Uwe: »Ingrid Babendererde« – ein von der DDR-Literatur nicht angenommenes Paradigma, in: ... Biographie ist unwiderruflich ..., a. a. O., S. 45-51.

Wohlgemuth, Joachim: Hörsaal 40, alte Uni, in: Wenigstens in Kenntnis leben, a. a. O., S. 103-117.

Zeittafel

1934	Uwe Johnson wird am 20. Juli in Cammin (Pommern), dem heutigen Kamién Pomorski (Polen) geboren.
1934-44	lebt er mit seiner Familie in Anklam an der Peene.
1944/45	Besuch der nationalsozialistischen »Deutschen Heimschule« in Koscian im besetzten Polen.
1946-51	Besuch der John-Brinkmann-Oberschule in Güstrow.
1949-54	Mitglied der FDJ.
1952	Abitur.
1952-56	Studium der Germanistik in Rostock (bis 1954) und Leipzig. Diplomprüfung mit einer Arbeit über *Der gestohlene Mond* von Ernst Barlach.
1953-56	Arbeit an seinem ersten Roman *Ingrid Babendererde*, dessen Veröffentlichung sowohl von den Verlagen in der DDR als auch vom westdeutschen Suhrkamp Verlag abgelehnt wird.
1957-59	Aus politischen Gründen bleibt er ohne feste Anstellung. Verlagsgutachten, Übersetzung von Melvilles *Israel Potter* und Arbeit an den *Mutmassungen über Jakob.*
1959	Johnson verläßt die DDR. Die *Mutmassungen* erscheinen bei Suhrkamp.
1960	Fontane-Preis der Stadt Berlin (West) für die *Mutmassungen.*
1961	Erste Reise in die USA. *Das dritte Buch über Achim* erscheint.
1962	Stipendiat der Villa Massimo in Rom. Internationaler Verlegerpreis.
1963	Übersetzung von John Knowles *In diesem Land.*
1964	*Karsch und andere Prosa* erscheint.
1965	*Zwei Ansichten* erscheint. Herausgabe von Brechts *Me-ti. Buch der Wendungen.* Zweite Reise in die USA.
1966-68	Arbeit als Schulbuchlektor in New York. Beginn der Arbeit an den *Jahrestagen* (1967).

1970 Der erste Band der *Jahrestage* erscheint.

1971 Der zweite Band der *Jahrestage* erscheint. Verleihung des Georg-Büchner-Preises.

1973 Der dritte Band der *Jahrestage* erscheint.

1974 *Eine Reise nach Klagenfurt* erscheint. Umzug nach England, wo er bis zu seinem Tode auf der Themse-Insel Sheerness-on-Sea, Kent, wohnt.

1975 Unterbrechung der Arbeit an den *Jahrestagen* aufgrund einer schweren persönlichen Krise. Die Aufsatzsammlung *Berliner Sachen* erscheint. Verleihung des Wilhelm-Raabe-Preises der Stadt Braunschweig.

1976 Die Nacherzählung von Runges »Von dem Fischer und seiner Frau« erscheint.

1977 Mitglied der Deutschen Akademie für Sprache und Dichtung. Johnson gibt die Autobiographie der Publizistin Margret Boveri unter dem Titel *Verzweigungen* heraus.

1978 Thomas-Mann-Preis der Stadt Lübeck.

1979 Gastdozent für Poetik an der Universität Frankfurt.

1980 Die Frankfurter Vorlesungen erscheinen unter dem Titel *Begleitumstände*.

1981 Die *Skizze eines Verunglückten* erscheint zuerst in einer Festschrift zum 70. Geburtstag von Max Frisch.

1983 Der vierte Band der *Jahrestage* erscheint. Literaturpreis der Stadt Köln.

1984 In der Nacht vom 23. zum 24. Februar stirbt Uwe Johnson in seinem Haus in Sheerness.

Stefanie Golisch, geb. 1961, lebt seit 1987 in Italien. Studium der Germanistik und Politischen Wissenschaften in Bonn und Hannover. 1991 Promotion mit einer erzähltheoretischen Studie über Johnsons *Jahrestage*. Seitdem freiberufliche Literaturwissenschaftlerin. Aufsatzveröffentlichungen zum Werk Uwe Johnsons sowie Mitarbeiterin des Mailänder Garzanti Verlages.